Anne Schneider

Guy de Maupassant

SIX CONTES

Analyses modèles
par
Carola Bogdahn
Werner Höfer
Sabine Rongère-Schnierl
Gabriele Rüger-Groth

Ernst Klett Verlag
Stuttgart Düsseldorf Leipzig

Herausgegeben von
Werner Höfer, Passau,
Gabriele Rüger-Groth, Gundelsheim,

sowie
Carola Bogdahn, Hannover,
Sabine Rongère-Schnierl, Bückeburg.

Weitere Mitarbeit:
Jean Chauvet, Stuttgart.

Zu den *Six contes* gibt es eine Kassette (Klettnummer 597342) mit folgenden Erzählungen: *La parure, Le gueux, La ficelle, L'aventure de Walter Schnaffs* und *La folle.*
Die Modellanalysen zu *La ficelle* und *L'aventure de Walter Schnaffs* sind in ihrer Substanz Übernahmen aus dem Band *Contes célèbres du XIXe siècle, Analyses modèles* (Klettnummer 597311).
Seiten- und Zeilenverweise auf die Primärtexte beziehen sich auf *Guy de Maupassant, Six contes* (Klettnummer 59734).

1. Auflage 1 5 4 3 | 2001 00

Alle Drucke dieser Auflage können im Unterricht nebeneinander benutzt werden, sie sind untereinander unverändert. Die letzte Zahl bezeichnet das Jahr dieses Druckes.

Dieses Werk folgt im Deutschen der reformierten Rechtschreibung.

Redaktion: Thomas Eilrich.

Druck: Gutmann + Co, 74388 Talheim. Printed in Germany.
ISBN: 3-12-597341-4

Table des matières

Guy de Maupassant

Notice biographique

Guy de Maupassant est né en 1850, au château de Miromesnil, près de Dieppe, en Normandie, où il passe une jeunesse heureuse malgré la séparation de ses parents. Il fait ses études au séminaire d'Yvetot, puis au lycée de Rouen où son correspondant, le poète Bouilhet, encourage ses débuts poétiques.

En 1870, il s'engage comme soldat dans la garde nationale et évoque ses impressions de guerre dans plusieurs nouvelles dont *L'aventure de Walter Schnaffs*.

Après 1871, il est employé au ministère de la Marine, à Paris, et il se prépare à la carrière d'écrivain, aidé et influencé par son ami Flaubert qui lui apprend à décrire avec soin et précision ce qu'il observe et lui fait travailler son style.

En 1880, il quitte le ministère, se lie d'amitié avec Zola, fait partie du groupe naturaliste et connaît son premier succès avec la nouvelle *Boule de Suif*.

Puis, de 1880 à 1891, il va publier six romans, dont les principaux sont *Une vie* (1883), *Bel-Ami* (1885) et *Pierre et Jean* (1888) qui contient une préface de Maupassant sur l'art d'écrire en général et sur le roman réaliste-naturaliste en particulier. Durant cette période, il écrit également quelque 300 contes et nouvelles, inspirés souvent par la Normandie, son paysage et ses habitants. Six de ces contes et nouvelles se trouvent dans la présente édition scolaire. Il y aborde des sujets tels que : l'inégalité sociale (de la haute bourgeoisie à « la vie horrible des nécessiteux »), la dureté de la vie paysanne en Normandie, la cruauté de la guerre, la terreur d'un halluciné.

La première de ces nouvelles, *La parure*, généralement considérée comme un chef d'œuvre du genre, expose la tragédie d'une femme mécontente de sa situation sociale. *Le gueux* décrit la misère absolue d'un mendiant maltraité par la population normande. Dans *La ficelle*, Maupassant traite de la misère des paysans normands qui mène jusqu'à la mort.

Contre un militarisme et un revanchisme renaissants, Maupassant réagit en publiant des nouvelles comme *La folle*, et *L'aventure de Walter Schnaffs*. Dans le dernier tiers du XIXe siècle, comme beaucoup d'autres auteurs européens et américains, Maupassant se montre de plus en plus fasciné par les mystères du monde, p. ex. le magnétisme, l'hypnose, les forces de l'invisible et il écrit une trentaine de nouvelles fantastiques, dont *le Horla*.
Une vie mondaine très active et une maladie nerveuse altèrent sa santé physique et mentale. Hospitalisé en 1891 après une tentative de suicide, il sombre peu à peu dans la folie et meurt en 1893.

La parure

Résumé et commentaire

Une jeune et jolie femme rêve de luxe, de prestige social et d'un mariage qui pourrait lui procurer tout cela. Mais le destin l'a placée dans une situation différente. Elle est née dans une famille d'employés. Elle n'a donc aucune chance de sortir de son milieu. Sans dot, elle se résigne à épouser un petit commis (« elle se laissa marier », p. 7, L. 4). Chose typique pour l'époque, ce ménage de la petite bourgeoisie a une bonne. L'héroïne, Mathilde Loisel, n'a donc pas besoin de s'occuper des travaux domestiques. Comme toutes les femmes de son temps, elle ne peut pas, de sa propre initiative, échapper aux étroites limites de son milieu. Elle est réduite à l'inactivité et doit tout attendre d'un mari. Elle a donc bien le temps de songer à son mécontentement et de mesurer le contraste entre la médiocrité de son existence et le luxe de la grande bourgeoisie ; un contraste qui la porte à la rêverie, surtout avec l'exemple de Mme Forestier, cette femme riche qu'elle connaît depuis l'école au couvent. Incapable d'accepter la réalité, elle cherche le bonheur partout ailleurs. Elle se réfugie dans un monde imaginaire, ce qui la paralyse, la désespère et la fait souffrir.

Telle est la situation de départ pour la nouvelle. Après l'exposition vient l'intrigue avec, en premier lieu, l'invitation au bal que le mari apporte du ministère. Pour faire plaisir à sa femme, il lui donne l'argent nécessaire à l'achat d'une toilette convenable. Manquent encore les bijoux. Mathilde va les emprunter chez son amie, Mme Forestier. Il y a, entre autres, un collier de diamants avec lequel Mathilde, dans un accès de narcissisme devant le miroir, se trouve admirable. C'est le bijou qu'elle choisit pour le bal. Voilà que l'intrigue se noue.

Ainsi parée, le soir du bal, Mathilde se présente comme l'incarnation des attraits féminins et concentre sur elle l'admiration masculine. Reine du bal, elle voit que les messieurs lui rendent enfin ces hommages qu'elle désirait depuis si longtemps.

Son bonheur connaît une fin soudaine. Le choc de la réalité devient une catastrophe au moment où Mathilde constate la perte du collier. Les recherches n'aboutissent à rien. Il faut restituer le collier, ce qui signifie pour les Loisel l'obligation de s'endetter lourdement. Réduits à la misère, ils perdent leur rang social.

Après dix années d'efforts, le couple parvient à rembourser les dettes. Mme Loisel a perdu son charme et son élégance. Elle a vieilli ; elle s'est endurcie. Malgé tout, elle est contente d'avoir maîtrisé cette situation désespérée. Quand, un jour, par hasard, elle rencontre Mme Forestier, elle n'hésite pas à lui raconter la misère des années passées. Mais le narrateur ajoute un dernier détail particulièrement triste pour Mme Loisel : la parure prêtée par Mme Forestier était fausse.
Est-ce vraiment, comme l'auteur veut le faire croire, le hasard qui conduit l'existence humaine, le hasard du milieu dans lequel on vient au monde, le hasard d'un événement quelconque ?

Structure

Die meisten Editionen, auch die der Pléjade und die hier vorliegende präsentieren den Text graphisch in sieben klar voneinander abgetrennten Sequenzen. Diese Einteilungen bilden die Grundlage für die hier vorliegende Strukturanalyse, die allerdings noch binnendifferenziert wird.
Die Sequenzen sind klar um das zentrale Ereignis des Balls (4. Sequenz in der Erzählmitte) angeordnet, von diesem Höhepunkt aus ergibt sich eine symmetrische Struktur als Kompositionsprinzip.

Cette nouvelle se compose de sept séquences narratives que l'on peut regrouper en trois parties : l'exposition, le corps de la nouvelle et le double dénouement (voir tableau p. 11).

1. L'exposition : séquence 1 (**7**,1 - **8**,20)
La situation de départ : Présentation de l'héroïne, Mathilde Loisel, qui est déchirée entre rêve et réalité, qui souffre de sa condition sociale (ménage d'un commis) et se réfugie dans le rêve d'une vie luxueuse. Présentation de l'antithèse : le mari, un petit commis, content de ses conditions. Mention de Mme Forestier, qui a un rôle important pour le nœud de l'intrigue et le dénouement du conte. Présentation du hasard en tant que moteur de l'action.

2. Le corps de la nouvelle

Séquence 2 : L'invitation au bal (**8**,21 - **10**,7)
Le moment initial de l'action. A travers la toilette qui manque, présentation de la relation du couple : l'amour altruiste du mari face à la ruse et au calcul qui correspondent aussi à l'image de la femme à l'époque.

Séquence 3 : Les préparations du bal (**10**,8 - **11**,11)
– La parure qui manque (**10**,8 - 26) : M. Loisel s'inquiète de la tristesse de sa femme qui a honte de ne pas avoir de bijoux. Il prend l'initiative de résoudre le problème : Idée d'emprunter des bijoux à Mme Forestier.
– Visite chez Mme Forestier (**10**,27 - **11**,11) : Mme Loisel choisit un collier de diamants, est en extase devant elle-même et s'enfuit avec son trésor.

Séquence 4 : Le bal – Apogée et chute dans l'abîme (**11**,12 - **13**,12)
– L'apogée de la nouvelle et séquence centrale (**11**,12 - **12**,11) : L'héroïne « dans le triomphe de sa beauté », « dans une sorte de nuage de bonheur » réalise ses rêves de l'exposition. Descente abrupte du « nuage de bonheur » jusqu'à la réalité de la rue des Martyrs.
– La découverte de la perte du collier (**12**,12 - 35) : Le retour à la réalité aggravé par la menace qui pèse sur l'existence et qui est concentrée dans le regard « atterré » du couple. Deuxième coup du hasard qui produit un déroulement inattendu de l'action.
– Les recherches vaines (**13**,1 - 12) : Les initiatives de Loisel pour retrouver le collier perdu et pour inventer une excuse provisoire pour Mme Forestier. La catastrophe dans le reflet du changement extérieur de Loisel.

Séquence 5 : La restitution (**13**,13 - **14**,13)
A la recherche d'un collier semblable, ils le trouvent à un prix qui compromet tout leur avenir. Pourtant Loisel fait tous les emprunts et engagements ruineux pour restituer le collier perdu.
L'apogée du bal avec son nuage de bonheur pour Mme Loisel trouve sa correspondance négative dans cette séquence : « la perspective de toutes les privations physiques et de toutes les tortures morales » de M. Loisel.

Séquence 6 : « La vie horrible des nécessiteux » (**14**,14 - **15**,14)
– Les dix années cruelles (**14**,14 - **15**,5) : Ce passage raconte la descente sociale des Loisel à cause des dettes ruineuses qu'il faut rembourser. Au sentiment déployé dans l'exposition, d'être une déclassée, s'oppose maintenant le fait d'être déclassée, d'appartenir dès lors à la couche du peuple, après avoir perdu tous les symboles du statut bourgeois. En peu de lignes, le narrateur résume par le moyen de l'accélération les dix ans de travail dur du couple. Mais au désespoir larmoyant de l'exposition s'oppose aussi l'engagement actif de Mathilde :

« Elle prit son parti, d'ailleurs, tout d'un coup, héroïquement. » L'effort commun ne reste pas sans succès : après dix ans les Loisel ont tout remboursé.
– Les conséquences pour Mme Loisel : victime du hasard (**15**,6 - 14) : Ce passage arrête l'action pour placer une réflexion du narrateur. Elle montre de près le changement extérieur de Mme Loisel sous l'influence de la misère et sert d'antithèse (pitoyable) au portrait physique de l'héroïne tel que le narrateur le présente dans l'exposition et à l'occasion du bal. Ce bal, événement central du conte, occupe toujours les souvenirs de Mathilde. Le narrateur choisit ce moment de contrastes extrêmes pour faire de son personnage son porte-parole : « Comme il faut peu de chose pour vous perdre ou vous sauver. » La récurrence du rôle décisif du hasard.

3. Le double dénouement : Séquence 7 – La rencontre de Mme Forestier (**15**,15 - **fin**)
A l'opposé de la honte extrême qu'éprouve Mme Loisel en sortant du bal à cause de son manteau ordinaire, elle a laissé derrière elle tout le besoin du « paraître ». Malgré son extérieur qui n'est plus du tout favorable, elle ose adresser la parole à Mme Forestier, « toujours séduisante »
Premier dénouement : Mme Loisel « rudement contente » d'avoir enfin payé le collier, d'avoir réussi l'effort énorme et la restitution parfaite (« une joie orgueilleuse ») - un dénouement qui mettrait fin au mécontentement initial.
Deuxième dénouement qui abolit le premier et le réduit à une péripétie : Le collier perdu était faux, l'effort en vain. Dernier coup du hasard : la catastrophe.

Diagramme de la structure et courbe de la tension dramatique

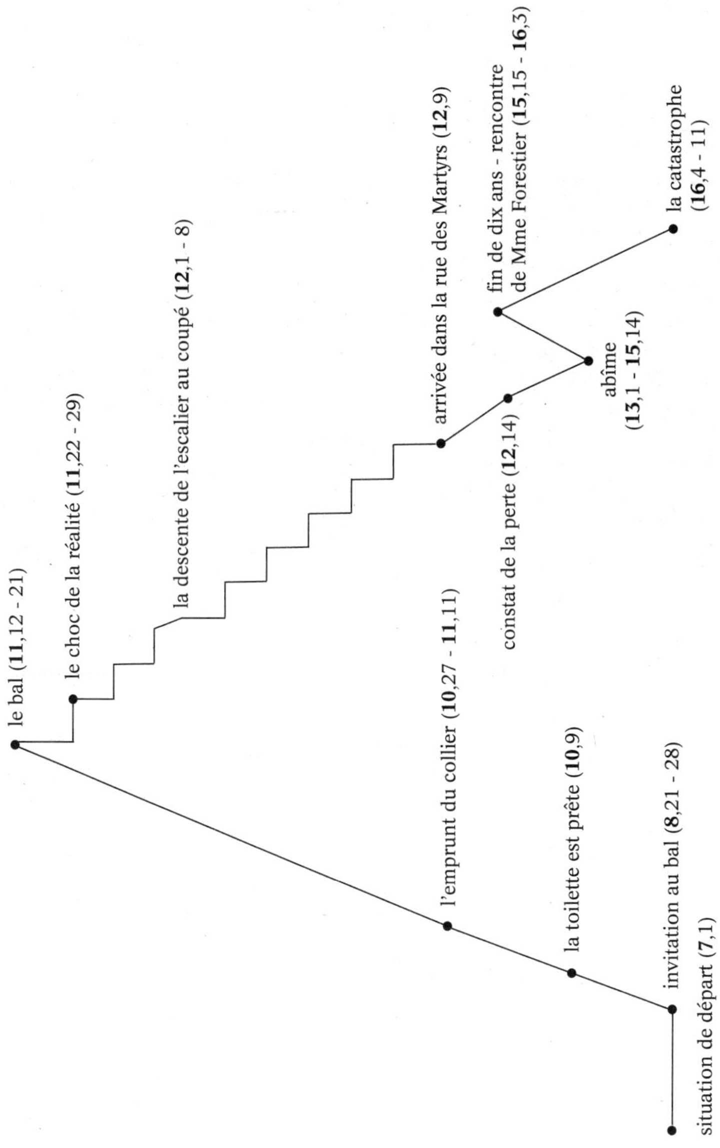

Suggestions pour l'exploitation pédagogique

Was sollen Schülerinnen und Schüler der kommenden Abiturjahrgänge im Umgang mit diesem *conte* verstehen, bedenken, genießen und hinterfragen? Inwiefern kann sie die Begegnung mit der frustrierten Pariser Kleinbürgerin, Mathilde Loisel aus einer fernen Zeit in ihrer eigenen Lebenswirklichkeit betreffen und fördern? Wie läßt sich der wortschatzlastige Text in seiner auf den ersten Blick fremd anmutenden Thematik an die Schülerinnen und Schüler heranholen?

Mögliche Ziele könnten sein:

- eine der berühmtesten und bestgelungenen Maupassant-Novellen kennen und erschließen lernen durch Aufbau von Interpretationskompetenz:
  - *werkimmanente Texterschließungsverfahren* (le déroulement de l'action, l'art du portrait, la hiérarchie sociale, l'art du milieu, l'art du décor, l'art du langage, l'image de la femme, l'image du mari, la relation du couple, la perspective du narrateur);
  - *gattungsspezifische, novellentheoretische, die Novellenstruktur erarbeitende* (exposition - nœud - péripétie - catastrophe) sowie *die Zeitstruktur erarbeitende Texterschließungsverfahren* (la relation entre le temps de la narration et le temps narré);
  - *biographische Texterschließungsverfahren* (les expériences de Maupassant en tant que commis, le rôle que jouent les femmes dans sa vie, le pessimisme fondamental dans l'appréciation de l'être humain)
  - *historisch-soziologische Texterschließungsverfahren* (les contrastes des couches sociales, le rôle de l'argent);
  - *Verfahren produktiver Hermeneutik* (l'interprétation scénique, rédiger des textes en remplissant des lacunes créatrices, transformation d'un passage en scénario, invention de personnages supplémentaires pour refléter l'action etc.).
- Mme Loisel als eine sich durch den Realitätsschock entwickelnde Existenz begreifen und begrifflich fassen können: vom Narzissmus über eine Mathilde, die im Lebenskampf ihre Frau steht, den ihr abverlangten Part übernimmt, zu einer gealterten Loisel, die sich aber positiv mit ihrer Lebensleistung identifiziert (« une joie orgueilleuse et naïve ») und den Zwang des « paraître » hinter sich läßt.
- Die Träume der Mme Loisel als ziellose Illusionen in ihrem selbstzerstörerischen Potential abgrenzen von zukunftsorientierten Visionen, die zielgerichtete Gestaltungskräfte freisetzen.

• Traumwelten und Visionen zeitgenössischer Jugendlicher in die Diskussion einbeziehen.
• Den Gegensatz von "Sein" und "Schein" als durchgehendes Novellenmotiv begreifen und bedenken.
• Die pessimistische Weltsicht Maupassants in der Rolle des Zufalls erarbeiten und hinterfragen.
• Soziale Milieus (von « la grande bourgeoisie » bis « la vie horrible des nécessiteux ») historisch-soziologisch differenzieren, sie einerseits in ihrer lebensprägenden Bedeutung einschätzen lernen, aber auch den Determinismus der naturalistischen Schule relativieren lernen.
• Die ästhetische Gestaltung der Novelle an ausgewählten Passagen genießen und begrifflich klären.
• *La parure* in der Tradition von *Mme Bovary* verstehen.
• Neue Unterrichtsformen (z.B. das Erspielen und anschließende Reflektieren der Paarbeziehung) als positive Herausforderung an die Persönlichkeit erleben und ihren Wert in Ergänzung zu bekannten Verfahren der Texterschließung begreifen.

Um den thematisch aktualisierbaren und ästhetisch reichen Text von heutigen Schülergenerationen neu interpretieren zu lassen, wird hier eine methodische Vielfalt in der Lektürearbeit vorgeschlagen. Dabei geht es um eine Verbindung solider Textarbeit mit philologischen Schwerpunkten und präziser Ergebnissicherung mit Verfahren der produktiven und handlungsorientierten Hermeneutik, die als ganzheitliche Formen der Texterschließung die Persönlichkeitsbildung mit im Blick haben.
Diese neueren Verfahren der Texterschließung sind vor allem dann sinnvoll, wenn sie den Schülerinnen und Schülern als Weg zu einem definierten Interpretationsziel transparent gemacht und die Ergebnisse im Hinblick darauf reflektiert werden.
Einer sorgfältigen methodischen Planung, die sich an der aktuellen Diskussion der Literaturdidaktik orientiert, kommt insbesondere für *La parure* als Einstieg in die sechs ausgewählten Maupassant-Novellen eine exemplarische Bedeutung zu. Die Vielfalt der Zugänge hat ihren Stellenwert auch innerhalb des für die Unterrichtseinheit vorgesehenen Methodenwechsels.
Konkrete didaktisch-methodische Vorschläge finden sich im Kapitel *lecture et compréhension* (p.16).

La parure in der Planung einer Unterrichtseinheit

1. / 2. Stunde	Einstieg **Milieuschilderung** anhand ausgewählter Intérieurs zur Vokabelvorentlastung und Anregung der Phantasie **Präsentation der Hauptfigur** in zwei Milieus (**7**,1 - **8**,5)
3. Stunde	Erarbeitung der Gesamtexposition durch Ergänzung von **8**,6 - 20 **Präsentation von Ehemann und Mme Forestier** im Kontrast zur Hauptfigur **Funktion der Exposition; Erzählerrolle** Hausaufgabe: *Lisez le texte (8,21 - 28) et imaginez la réaction de l'héroïne. Rédigez sa réponse.*
4./5. Stunde	**Die Paarbeziehung** (**8**,21 - **10**,7) Bewertung der Hausaufgabe innerhalb der vom Text vorgegebenen Wahrscheinlichkeiten Szenische Interpretation der Paarbeziehung anhand der Überreichung der Einladung Vergleich der Schülerinszenierungen in ihren unterschiedlichen Nuancierungen der erzählten Figuren Hausaufgabe: *Faites le portrait de M. et Mme Loisel et caractérisez leur relation.*
6. Stunde	Sicherung der Ergebnisse durch Hausaufgabe und Tafelanschrieb (TA): **Les personnages et leur relation** Evtl. Transfer durch Einbeziehung der Schulfunkinszenierung* oder der Hörkassette** (*/** siehe Seite 15). Hausaufgabe: *Lisez le texte **10**,8 - **11**,11. Trouvez un titre pour ce passage et expliquez la fonction de la parure a) en général, b) pour Mme Loisel.*
7. Stunde	**L'emprunt de la rivière de diamants** (TA) Mme Loisel zwischen epochentypischem Rollenklischee und Narzissmus Hausaufgabe: *Trouvez trois questions essentielles pour aborder le passage **11**,12 - **12**,11.*
8./9.Stunde	**Der Ball: Höhepunkt und Absturz** Sicherung des Textverständnisses über die Hausaufgabe (die aufschlussreich ist für das Interpretationsniveau der Schüler) Projektorientierte Gruppenarbeit: Skizzierung eines Drehbuchs für diese Passage Vergleich mit einem Ausschnitt aus Chabrols Film *Madame Bovary* : Le bal au château de la Vaubyessard***(*** siehe Seite 15). Hausaufgabe : *La reine du bal vue et discutée par trois femmes que les messieurs ignorent. Rédigez leur dialogue.*

10. Stunde	**Der Ball:** **Exemplarische Mikroanalyse** (Rhetorik, Rhythmus ...) des Textes Ende des Balls : Das (Wieder)Treffen der Partner Hausaufgabe : *La perte du collier et ses conséquences. Lisez les pages* ***12****,12 -* ***14****,13 et relevez les différentes phases de l'action.*
11. Stunde	**Die Existenzbedrohung der Loisels : ein Tiefpunkt der Handlung** Wiedergabe der Handlungsschritte (–> Hausaufgabe) Loisel : Organisator seiner Schulden und unfreiwilliger Geschäftsmann im Geldwesen seiner Gesellschaft Vertiefung durch Lehrervortrag TA: Centre d'intérêt : **La menace financière** Hausaufgabe: *Faites une liste des lieux et milieux où l'action de la nouvelle se déroule et remplissez le tableau suivant avec des informations précises :* *lieu milieu/couche sociale traits caractéristiques*
12. Stunde	**Das Elend der 10 Jahre** (**14**,14 - **15**,14) **im Spiegel wechselnder Milieus** (Einbeziehung des Zusatztextes 7, *Emploi dans les ministères*, Schülerbuch S.81) **im Spiegel der äußeren Veränderung Mathildes** Die Bedeutung des Fensterblicks/Erzählerreflexion
13. Stunde	**Die Auflösung und ihre Bedeutung im Rahmen der pessimistischen Weltsicht Maupassants** (**15**,15 - **fin**) (Diskussion) Hausaufgabe: *Lisez le texte complémentaire 5,* La rédaction d'une nouvelle (Schülerbuch S.78). **Novellentheoretische Untersuchungen zu *La parure***
14. Stunde / 15. Stunde	Zusatztext 5, *La rédaction d'une nouvelle,* Schülerbuch S.78; Strukturanalyse/Novelleninterpretation per Mausklick

* Maupassant et *La parure*, Sendetermin: 12.3.1996 in Südwest 3, 9.00 Uhr, ca. 30 Min., Mediennr. 4281609; besprochen in: Schulfernsehen Südwest 3, Heft 4, März/April 1996.

** Maupassant, *Contes*, Klett-Nummer 597342.

*** Die Video-Kassette (VHS-PAL) ist erhältlich bei Lingua-Video, Ölbergstr. 27a, 53639 Königswinter (Tel. 02244/915006, Fax 02244/80412).

Lecture et compréhension

1. L'exposition (7,1 - 8,20)

Der annotierte Text enthält für die 1. Sequenz 46 Worterklärungen. Auch wenn nicht alle Erklärungen zum Verstehen notwendig sind, empfiehlt sich eine Vorentlastung mit folgenden Zielen :
- Abbau von Verständnisbarrieren durch Vorentlastung des Wortschatzes;
- Anregung der Phantasie für das Nebeneinander von “luxe” auf der einen und “médiocrité”,”pauvreté”,”misère” auf der anderen Seite;
- Sensibilisierung der Schülerinnen und Schüler für den *conte.*

Als Einstieg in die Novellenbehandlung bietet sich der Eisatz von Bildimpulsen zum Thema “Milieuschilderung” an. Geeignete Beispiele finden sich u.a. bei Renoir (*Marie Dupuis tenant un miroir avec un portrait de Coco*, 1903 - 1905; *Madame Claude Monet lisant*, 1872 [siehe dazu weiter unten]), bei Moritz von Schwind (*Morgenstunde*, 1858), aber auch in farbig illustrierten Führern zu Schlössern wie Versailles oder Linderhof oder in einschlägigen Katalogen.
Zu diesem Zweck organisiert sich die Klasse/der Kurs in Arbeitsgruppen mit jeweils mindestens drei Schülerinnen und Schülern. Jeder Gruppe werden zwei bis drei kontrastive Bildimpulse zur Verfügung gestellt mit unterschiedlichen Arbeitsaufträgen.

Beispiel 1: Kontrastive Essszenen (-> S. 36/37)
Bild 1: Festessen am Heiligabend oder zu Silvester im Großbürgermilieu.
Bild 2: Einfaches Essen von Tagelöhnern am Ende eines langen Arbeitstages.

Décrivez les deux repas du soir et dites en quoi ils se distinguent.

Folgende Details könnten von den Schülerinnen und Schülern beschrieben und in einem Tafelanschrieb zur begrifflichen Vorentlastung der Exposition gesichert werden (die unterstrichenen Begriffe sind für das Verständnis der Exposition erforderlich):
- Les gens qui se sont réunis : adultes et enfants, leurs toilettes, leurs gestes, leur expression (état d'âme), leur communication (verbale vs. non-verbale)
- Le repas : la vaisselle (la porcelaine vs. le pot), les couverts, le cristal, la nappe, les plats, les boissons
- L'intérieur/la salle : la lumière, les objets décoratifs

Beispiel 2: Lesende Frauen in kontrastiven Intérieurs (–> S. 38/39)
Bild 1: Renoir, *Madame Claude Monet lisant* (1872)
Bild 2: *Madame Loisel liest* Madame Bovary (Filmszene aus: Maupassant, *La parure*; Projekt Literaturverfilmung, durchgeführt am Auguste-Pattberg-Gymnasium, Mosbach-Neckarelz 1997)

"Lire". Qu'est-ce que cela pourrait signifier pour les deux femmes ?

Ziel dieses Arbeitsauftrags ist die Einstellung der Phantasie auf "rêve" (inspiration romanesque) und "réalité" (Häßlichkeit der Küche).

Nach Abschluss der Arbeit mit den Bildimpulsen soll der Kurs, der auch kreatives Schreiben in seine Methoden der Texterschließung einbeziehen möchte, von dem Schülerheft zunächst nur den Textanfang lesen (**7**,1 - **8**,15). Dieser Expositionsteil läßt sich angesichts der Schwierigkeit des Textes am besten per Kassette bei gleichzeitig vorliegendem Text zum Mitlesen präsentieren. Impulse für das Unterrichtsgespräch und die Stillarbeit nach der Textlektüre bzw. nach Anhören der Kassette:

Résumez la biographie de la jeune femme. Décrivez ses conditions de vie. Analysez son état d'âme. Expliquez le pourquoi de sa situation psychique.

Dabei sollten zumindest folgende Ergebnisse als Tafelanschrieb festgehalten werden:

Mme Loisel déchirée entre	
rêve	**et réalité**
être épousée par un homme riche (**7**,4)	se laissa marier avec un petit commis (**7**,4 - 5)
les grands salons (**8**,1)	la pauvreté de son logement (**7**,13)
les antichambres muettes (**7**,18)	la misère des murs (**7**,14)
des valets (**7**,20)	la petite Bretonne (**7**,16)
les larges fauteuils (**7**,21)	l'usure des sièges (**7**,14)
les meubles fins (**8**,1)	la laideur des étoffes (**7**,14)
les argenteries (**8**,10)	l'humble ménage (**7**,17)
les plats exquis (**8**,12)	la nappe de trois jours (**8**,7)
les dîners fins (**8**,9)	le pot-au-feu (**8**,8)
Conditions de vie de la noblesse	**ménage d'un commis**
Mme Loisel souffre sans cesse (7,12); **la laideur la torture** (7,16); **elle a des regrets désolés** (7,17).	

Neben der inhaltlichen Erschließung sollten auch einige stilistische Besonderheiten der Erzählung, ihrer Ästhetik und Rhetorik beobachtet und beschrieben werden.
Die stark antithetische Struktur für die Vermittlung von “rêve” und “réalité”, für die Milieukontraste und die gegensätzlichen Ehepartner ist leicht erschließbar.
Die Verwendung von Anaphern (*l'anaphore*) und Parallelismen (*le parallélisme*) (*Elle n'avait pas de dot* (**7**,2); *Elle fut simple* (**7**,6); *Elle souffrait* (**7**,12 - 13); *Elle songeait* (**7**,18; **8**,1) dienen dazu, die Bedeutung der Mme Loisel und ihres Seelenzustandes besonders nachdrücklich herauszustellen.
Darüber hinaus könnte der reiche Stil mit seinen vielen Aufzählungen (*l'énumération*) und Steigerungen (*la gradation*, z.B. *aucun moyen d'être connue, comprise, aimée, épousée* (**7**,3 - 4) oder am Ende der Exposition *de chagrin, de regret, de désespoir et de détresse* (8,20) aus dem Gefühls- und Phantasiereichtum der jungen Frau erklärt werden bzw. darüber Aufschluss geben.
Besonders interessant und ergiebig dürfte dieser Textteil für eine nähere Betrachtung der erzählerischen Evaluation sein mit etwa folgenden Impulsen, die in eine freie Diskussion überleiten könnten:

Quelle est la perspective du narrateur ?

(L'histoire est racontée à la troisième personne par un narrateur omniscient qui connaît bien les sentiments et le cheminement intérieur de son personnage).

Quelle attitude choisit-il face à Mme Loisel ? Fait-il preuve de compassion envers elle ? Se moque-t-il d'elle ou la prend-il au sérieux ?

Für die Erarbeitung des 2. Teils der Exposition (**8**,6 - 20) bieten sich folgende Arbeitsaufträge an:

Donnez un titre aux lignes 6 - 14. (L'héroïne en contraste avec son mari)

Imaginez comment vit l'amie de Mme Loisel (8,18) et présentez-la aux autres élèves de votre classe. (Solutions individuelles.)

Qu'est-ce que le mari et l'amie de Mme Loisel représentent pour Mme Loisel ?
(Le mari : il représente le monde qu'elle cherche à fuir ; l'amie : elle représente le monde dont elle rêve, auquel elle aimerait avoir accès.)

Das Ziel, Interpretationskompetenz aufzubauen, geht über die inhaltliche Erschließung hinaus und verlangt die Einführung und Sicherung des Begriffs "exposition": L'exposition introduit les personnages principaux et la situation. Elle "expose" la situation de départ de l'action. Im Vergleich mit der ab S.8, Zeile 21 einsetzenden Erzählpassage kann das Ende der Exposition und die einsetzende Handlung über den Gebrauch der Tempusmorpheme abgesichert und vertieft werden: Imparfait für die Ausgangslage (Hintergrund); Passé simple für die einsetzende Handlung (son mari rentr**a**, **8**,21; elle déchir**a, 8**,24).

2. La relation entre M. et Mme Loisel (8,21 - 10,7)

Die Passage **8**,21 - 28 kann selbständig erarbeitet werden; sie dient als Impuls zum kreativen Schreiben: *Imaginez la réaction de Mme Loisel après avoir lu la carte.*
Im Unterrichtsgespräch werden die Schülerlösungen innerhalb der vom Text vorgegebenen Wahrscheinlichkeiten bewertet.
Danach soll den Schülerinnen und Schülern die integrale Textausgabe zur Verfügung gestellt werden, damit sie in Stillarbeit die von Maupassant seiner Figur zugedachte Reaktion zur Kenntnis nehmen (**9**,1 - **10**,7).
Die Paarbeziehung anhand der Essszene kann durch szenische Interpretation erarbeitet werden. Folgende Arbeitsanweisungen sind denkbar: *Formez des groupes de trois et étudiez intensivement la relation du couple dans le passage donné. Demandez-vous comment mettre en scène la rentrée du mari avec l'invitation et ce qui se passe ensuite. Puis chacun/e choisit un rôle : ou bien celui de Mme Loisel, ou de M. Loisel ou du metteur en scène. Vous essayez de représenter le plus possible les personnages de la nouvelle. Le metteur en scène va vous aider. Vous jouez sans vos livres. Courage ! Vous allez trouver vos textes en répondant à votre partenaire. Et puis utilisez les outils suivants : enveloppe, nappe de trois jours, une soupière, deux assiettes...). Vous avez quinze minutes pour préparer votre mise en scène afin de la la présenter ensuite aux autres.*

Diese ganzheitliche Erschließung der Charaktere und der Beziehungsinformation als szenische Interpretation kann nun für einen Inszenierungsvergleich genutzt werden. Die Schülerlösungen werden (gemeinsam) als Lesarten kommentiert, die sich dem Text und den darin vermittelten Rollenbeziehungen unterschiedlich annähern. Der produktiven Hermeneutik muß die anschließende Reflexion folgen als Herausarbeiten von Nuancierungen im Zugang zu den erzählten Figuren.

Folgenden Fragen sollte besondere Aufmerksamkeit geschenkt werden: *A quel point le M. Loisel de l'élève x a-t-il l'air glorieux ? A quel moment du repas offre-t-il son invitation ? Quel ton choisit-il pour parler à sa femme ? Dans quelle mesure la Mme Loisel de l'élève y pratique-t-elle visiblement la ruse et le calcul ? Selon le texte, elle change plusieurs fois de ton ; comment la mise en scène du groupe z a-t-elle concrétisé ce changement ? Comment, dans l'exposition, la mise en scène du groupe z présente-t-elle le charme et l'élégance de Mathilde ?*

Die Ergebnisse gehen in die Zusammenfassung (–> S.32) ein, für die beim gegenwärtigen Stand der Textanalyse die ersten beiden Gesichtspunkte gesichert werden können. Detailanalytisch wären für die Textseiten 8 - 10 folgende Beziehungsinformationen an der Tafel festzuhalten:

Les personnages et leur relation	
Mme Loisel	**M. Loisel**
absolument mécontente des conditions de vie que son mari lui offre	content du ménage de sa femme (« le bon pot-au-feu ...» ; **8**,8 - 9)
n'est pas reconnaissante (« au lieu d'être ravie...»; **9**,1)	se donne « une peine infinie » (**9**,5) pour faire plaisir à sa femme
se sert de la ruse, de la comédie, du calcul pour atteindre son but (**9**,13 - 14; 17; 26), est exigeante	est compréhensif, son amour tendre lui inspire de renoncer à ses désirs (**10**,1 - 6)
se sent supérieure	***se sent mis dans son tort*** (« il balbutia »; **9**,10;« il bégaya »; **9**,15)

3. L'emprunt de la rivière de diamants (**10**,8 - **11**,11)

Mögliche Titel für die Passage (-> Hausaufgabe, 6. Stunde, S. 14): Les préparations du bal; Le petit détail qui manque; Le mari ingénieux.

Weiterführende, kreative Arbeitsaufträge: *Imaginez le ménage de Mme Forestier (meubles, valets, repas). Imaginez la scène d'accueil de Mme Loisel.*

Besprechung des 2. Teils der Hausaufgabe (-> 6. Stunde, S. 14), die zu folgendem Tafelanschrieb führen kann:

La fonction de la parure

en général :

objet esthétique qui met en valeur celui, celle qui le porte
qui souligne ses attraits
qui montre qu'un personnage veut plaire
qui est un signe de sa richesse

pour Mme Loisel :

compenser la médiocrité de son milieu (**10**,13; 19)
servir de billet d'entrée dans une classe supérieure
se faire être désirée, séduisante, recherchée
permettre de s'éprendre de sa propre beauté

4. Le bal (**11**,12 - **12**,11)

Die projektorientierte Phase, die viel Selbständigkeit der Schülerinnen und Schüler erfordert, wird durch die Hausaufgabe (-> 7. Stunde, S. 14) vorbereitet, in der sie eigene (rezeptionsorientierte) Zugänge und Erschließungsfragen finden sollen. Als Einstieg in diese Stunde kann die Textpassage über die Hörkassette (Klett-Nummer 597342) präsent gemacht werden. Im Unterrichtsgespräch werden dann die individuell gefundenen Fragen gegenseitig beantwortet.
Mögliche Fragen : *Comment M. et Mme Loisel vivent-ils le bal ? Qui sont les invités du bal ? Comment et par quels moyens le narrateur fait-il comprendre la déchéance après le bal ?*
Nach diesem offenen Einstieg kann eine Strukturanalyse um *le changement de lieu (salle, escalier, devant le château ... rue des Martyrs)* angeregt werden.

Die wechselnden Orte als Drehorte bilden die Grundlage für die Szenen und arbeitsteiligen Gruppen des von den Schülerinnen und Schülern nun zu skizzierenden Drehbuchs: *Rédigez un scénario en tenant compte des didascalies (Bühnenanweisungen), de la position de la caméra, de la lumière, des personnages dans l'espace, des effets de son.*

Diese Drehbucharbeit hat folgende Ziele in der Annäherung an den Text:

• die ästhetische Struktur des Textes - ein Parallelismus von *gradation* (–> « le ministre la remarqua »; **11**,16) und *dégradation* (–> « Il les ramena jusqu'à la porte, rue des Martyrs »; **12**,9) - in der Skizze zur Inszenierung nachgestalten und dabei aufmerksam werden auf die rhetorische Verdichtung dieser Passage.

• Maupassants Erzählstil als ”écriture (pré)cinématographique” entdecken : « Il est évident que l'œuvre est une véritable matrice pour les scénarios de films ... lumière, formes, volumes, images nettes, sons, couleurs, mouvements, tout semble y être, y compris le découpage de l'espace en plans et arrière-plans, et le montage précis de tous les éléments » (Bernadette Plot, *La caméra, « œil ouvert » sur Maupassant,* in: Echos N° 71 / 1993).

• den realen (konkreten) ”descente” von der Höhe des Ballsaals über die Treppe bis hinunter zum Seineufer den Absturz in den Abgrund des ”sens figuré” zuordnen.

• den Ausstieg aus der Wolke (« un nuage de bonheur »; **11**,19) in die Wirklichkeit als Lichtkontrast (Prozeß der Verdunkelung) im Text wiederfinden und als Einsatz von Lichteffekten planen (von der strahlenden Helligkeit des Ballsaals mit dem lichtscheuen ”Coupé” in die unterprivilegierten Viertel der Pariser Nacht).

Wer die Drehbuchskizze stärker lenken möchte, könnte folgende Matrix verteilen. In Klammern finden sich Beispiele für die erste Einstellung:

(Première) Prise de vue :

Lieu :	(La grande salle)
Personnages :	(Mme Loisel qui danse au centre de la salle avec le ministre, beaucoup de messieurs qui la regardent, essaient de lui sourire, des dames un peu fatiguées)
Lumière :	(Une salle très éclairée, des lustres, « de hautes torchères », des bougies qui s'épuisent ; quelques-unes se sont déjà éteintes)
Effets de son :	(Une valse, un éclat de rire, des galanteries chuchotées)
Caméra :	(ou bien mobile [suit l'héroïne / suit les messieurs qui la regardent], ou bien fixe)

Nach der Erstellung des Drehbuchs können die Schülerinnen und Schüler sich den Ausschnitt *Le bal au château de la Vaubyessard* aus Chabrols Film *Madame Bovary* ansehen und ihn beschreiben auf dem Hintergrund ihrer eigenen Erfahrungen bei der Erstellung eines Drehbuches. Darüber hinaus kann die Nähe der beiden Ballszenen zum Thema gemacht werden.

Die über das Drehbuch nachgestaltete Makrostruktur der zentralen 4. Sequenz des *conte* wurde bereits an einige Gestaltungsmittel der Mikrostruktur gebunden (z.B. die Metaphorik der Dunkelheit, des Abstiegs). Als Höhepunkt wird das Ballereignis natürlich noch weiter erzählerisch und poetisch verdichtet, z.B. durch:
- *le rythme* (**11**,17-21) : la phrase très longue avec ses nombreuses énumérations et gradations correspond à la danse exaltée, à « l'ivresse » de Mathilde ; *im Vergleich zu (***12**,9-10): et ils remontèrent tristement chez eux (–> un rythme lent, pesant qui correspond au pas lourd ;
- *la récurrence du son « i »* (« ivresse » , « grisée », « plaisir », « rien », « triomphe») correspond à l'état exalté de l'héroïne ;
- la récurrence du son « è » (« trouvèrent », « misère», « remontèrent») correspond à la réalité pesant sur le couple.

5. Die Existenzbedrohung der Loisels: ein Tiefpunkt der Handlung (**12**,12 - **14**,13)

Die in der Hausaufgabe (–> 10. Stunde, S. 15) zusammengestellten Handlungsschritte könnten folgendermaßen zusammengestellt werden:
Les phases de l'action qui concernent le remplacement du bijou :
- aller de bijoutier en bijoutier
- trouver un chapelet de diamants semblable
- emprunter de l'argent pour pouvoir le payer
- acheter le collier malgré son prix exorbitant

Conclusion : Cette chaîne d'action montre un Loisel qui s'avère homme d'affaires assez compétent pour organiser le remboursement de ses dettes et pour réussir dans le domaine financier.

Folgende Zusatzinformation kann den Schülerinnen und Schülern in Form eines Lehrervortags vermittelt werden:
Le monde des finances à l'époque des Loisel
Sous la monarchie de juillet déjà (1830-1848), l'argent joue un rôle important dans le capitalisme naissant. Sous Napoléon III (1852-1870) l'économie connaît un essor. Les instituts de crédit importants s'installent, condition pour réaliser de grands projets industriels p. ex. le canal Suez.

Les argentiers, par les crédits, les prêts et les profits que l'on peut en tirer, influencent aussi le cadre de la vie privée. C'est l'époque où le type odieux de l'usurier entre dans la littérature. Il profite de l'envie des gens de paraître plus qu'ils ne sont en réalité, de leur gaspillage et par conséquent du fait qu'ils s'endettent. Si les banques ne donnent plus de crédit, c'est l'usurier, un prêteur douteux, qui encourage toujours à signer des billets à des conditions ruineuses.

Balzac et Flaubert nous montrent des individus pris à la gorge par un usurier. Ainsi Mme Bovary s'est tellement endettée que le jour de la saisie et de sa ruine matérielle, elle ne voit plus que l'arsène pour mettre fin à sa détresse.

Voilà l'arrière-plan des dettes ruineuses que font les Loisel pour restituer le collier. Mais Loisel se montre compétent pour les affaires bancaires. Ainsi, au bout de dix ans, il sort de la misère.

Centre d'intérêt / Wortschatzarbeit:

Im Text ist Wortschatz zum Thema "argent - menace de ruine" sehr dicht vertreten und könnte Gegenstand einer systematischen Wortschatzarbeit sein. Ein Mind-Map könnte einen Suchauftrag vorgeben, um zunächst Ausdrücke aus dem Text einzuordnen, die dann ergänzt werden (in Klammern). Der dabei sich ergebende Centre d'intérêt folgt dem erzählerischen "und dann" (–> vgl. Zeilenangaben) und hat eine hierarchische Struktur (–> Ziffern):

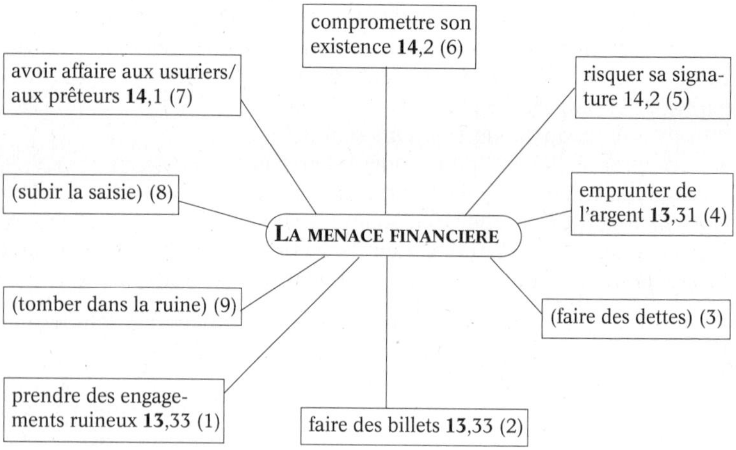

6. Das Elend der 10 Jahre (14,14 - 15,14)

Auf der Basis der Hausaufgabe (–> 11. Stunde, S. 15) und der Einbeziehung des Zusatztextes 7, *Emploi dans les ministères*, Schülerbuch S.81) könnte im Laufe des Unterrichtsgesprächs folgendes Tafelbild entstehen:

La déchéance sociale des Loisel à travers les milieux différents où l'action se déroule		
lieu	***milieu/couche sociale***	***traits caractéristiques***
1. Paris	une famille d'employés	une bonne; la simplicité des repas, des vêtements, du logement; pas de parure;
2. Paris: le ministère de l'Instruction	les petits commis	gagner relativement peu d'argent, être économe, médiocre
3. Paris / monde de Mme Forestier	la grande bourgeoisie	la richesse/un large coffret de parure
4. Paris: l'hôtel du ministère	Rendez-vous de la grande bourgeoisie, de la noblesse, de quelques petites gens qui bénéficient d'une invitation	l'élégance, la grâce, la richesse des toilettes, la valse
5. Les quartiers sombres de Paris pendant la nuit	les défavorisés	honteux de leur misère pendant la journée
6. Paris: rue des Martyrs	voir 1. (dans le IXe arrondissement, un quartier où habitent des gens de classe moyenne)	voir 1.
7. Paris: boutique du Palais-Royal	un commerçant de luxe avec des clients de la couche sociale la plus élevée et exigeante	située dans les galeries du Palais-Royal
8. Paris des usuriers	des gens qui profitent de la détresse des autres; ils ont toutes sortes de clients	plus ou moins honnêtes
9. Paris sous les toits	le peuple/les nécessiteux	pas de parure/pas de bonne; vêtue comme une femme du peuple, faisant les « gros travaux »
10. Paris: les Champs-Elysées	un lieu de rencontre pour tout le monde	la distraction, le plaisir, la sortie

Die zehn unterschiedlichen Milieus in *La parure* zeigen:
• das Ausmaß des sozialen Abstiegs der Loisels im Vergleich von 1 und 9;
• ihre Kontraste als Quelle der Unzufriedenheit (vgl. Exposition);
• schließlich die Willkür und den Zufall, mit dem im Sinne von Maupassant einem Menschen ein bestimmtes Milieu beschieden wird.
Wenngleich eine Novelle keine breit angelegte Sittenstudie ist, spiegelt *La parure* dennoch die Vielfalt der geschichtlich nebeneinander existierenden Milieus zur Einordnung der für die Milieuunterschiede so empfänglichen Hauptgestalt. Bleiben auch die meisten Milieus nur schemenhaft, so ist die Schilderung des Milieus der Ausgangslage, die Welt der kleinen Angestellten, ziemlich dicht. Maupassant kann hier aus dem Vollen schöpfen: vgl. Zusatztext *Emploi dans les ministères*, Schülerbuch S. 81, der hier als autobiographische Quelle einbezogen werden kann; mögliche Impulse:
1. *Dans quelle mesure le milieu des Loisel au début de la nouvelle a-t-il un cadre authentique ?*
(La description du milieu d'un commis est basée, certes, sur les expériences professionnelles de Maupassant, qui fut, quant à lui, pendant 8 ans, de 1872 à 1880, employé de ministère.)
2. *Relevez dans le texte toutes les informations sur les conditions de travail et la situation financière des petits employés du ministère.*
(la routine ennuyeuse des tâches, le comportement machinal qui fige les gens, la médiocrité des collègues, la mauvaise humeur des chefs, le peu d'argent que l'on gagne)
3. *Dans quelle mesure le portrait de Loisel peut-il être inspiré par les expériences individuelles de Maupassant ?*
(Loisel, avant de se présenter lui-même, est introduit comme « un petit commis de l'Instruction publique (**7**,5), ce qui, dans le contexte du conte, est synonyme de "la résignation par excellence sur le marché du mariage". Son petit univers, le ménage simple, résultat de sa situation financière, ferait souffrir les personnes de goût, mais sa propre satisfaction le montre ignorant d'un style de vie élevé. Le fait que, la nuit du bal, il se retire pour dormir montre qu'il n'est pas trop intéressé par les événements culturels, mais qu'il n'est là que pour faire plaisir à sa femme.
D'autres éléments de réponse : le commis économe (mais pourtant généreux), le commis-homme d'affaires, le commis mesquin qui n'a pas la franchise d'encourager sa femme à parler ouvertement de la perte à Mme Forestier)

4. *Comment Maupassant éprouve-t-il son emploi ?*
(un gagne-pain trop tyrannique / une prison et un enfer / un univers mesquin et étouffant).
Das Elend der 10 Jahre führt Maupassant auch im Spiegel der äußeren Veränderung Mathildes vor (vgl. dazu Seite 30, *Mathilde du bal, Mathilde de la mansarde, Mathilde de la fenêtre*).

7. Die Auflösung und ihre Bedeutung im Rahmen der pessimistischen Weltsicht Maupassants (15,15 - fin)

Für die Erarbeitung des *dénouement* gibt es methodische Alternativen, die sich mehr oder weniger des kreativen Schreibens bedienen. Eine kreative Leerstelle könnte Schülerheft Seite 15, Zeile 18 sein: *Imaginez la suite.*
Eine andere Möglichkeit besteht darin, den Text bis Seite 16, Zeile 3 vorzugeben und ihn für ein kontrastives Portrait Mathildes auszuwerten, um die Entwicklung dieser Figur zu erarbeiten (vgl. *Travaux complémentaires, Le portrait de Mme Loisel : l'évolution d'un personnage sous l'influence d'un événement existentiel,* Seite 29). Das Ergebnis der Gegenüberstellung (*Le fait d'avoir pris son parti ...)* ist gleichzeitig *le premier dénouement (positif).*
Die Ergänzung des *double dénouement* führt unmittelbar in die Diskussion um die Rolle des Zufalls. Mögliche Impulse:
1. *Montrez les divers coups du hasard à travers la nouvelle.* (Zu den Textbelegen vgl. *Structure, Séquences 1, 4, 6, 7,* Seiten 8-10)
2. *Comment l'existence de Mathilde dépend-elle du hasard ? Quelle est l'intention de Maupassant en donnant un rôle central au hasard ?*
3. *Quel est le rôle du hasard dans l'existence humaine ?*
Die Diskussion der Impulse 2 und 3 könnte Berechenbarkeit, Planbarkeit, *coup du hasard* und seine religiöse Erklärung als *intervention de la Providence* voneinaner abgrenzen, sie könnte auf einen menschlichen Entwurf hinauslaufen, der dem Zufall einen Platz einräumt. Nachdem einige Aspekte angesprochen und das Niveau, auf dem die Argumentation stattfinden soll, angedeutet ist, bietet sich folgende kreative Vertiefung in Partnerarbeit an:
Maupassant rencontre un philosophe. Selon ce dernier, c'est le hasard qui inspire les forces créatrices de l'homme et qui lui attribue un rôle positif. Rédigez leur entretien.

8. Novellentheoretische Untersuchungen zu *La parure*

Hier sollten die verschiedenen Strukturanalysen (verbal und graphisch) erarbeitet werden als exemplarische Komposition einer Novelle (vgl. Seiten 8-11). Dabei geht es auch um Sicherung eines minimalen Beschreibungswortschatzes (vgl. *Suggestions pour l'exploitation pédagogique,* S. 12), der für die weitere Novellenbehandlung verfügbar sein muß:

le point de départ	Ausgangspunkt
le déclenchement de l'action *(f)*	Auslösung der Handlung
le déroulement de l'action	Handlungsverlauf
accélérer/l'accélération *(f)*	raffen/Raffung
ralentir/le ralentissement	dehnen/Dehnung
un élément retardateur (de l'action)	retardierendes Moment
le nœud de l'action	dramatischer Knoten
l'intrigue *(f)* se noue/se dénoue	wird geknüpft/aufgelöst
un apogée, un point culminant	Höhepunkt
le tournant de l'action/la péripétie	Wendepunkt
le dénouement	(Auf)Lösung
la fin tragique/la catastrophe	Katastrophe
la fin heureuse	"Happy-End"

Außerdem kann der Zusatztext 5, *La rédaction d'une nouvelle,* Schülerbuch S.78 herangezogen werden.

Mögliche Impulse:

1. En quoi consiste « la maîtrise de la technique de la nouvelle »? Comment Maupassant, dans La parure, *se sert-il de cette technique ?*

(Un conte bien écrit se définit d'abord par un langage exact et précis ; « dire le plus avec le minimum de mots », **78**,4 - 5. Puis, c'est le dénouement inattendu (une pointe) qui fait le charme du conte ; « réserver le meilleur pour la fin », **78**,4. Ainsi, Maupassant réserve la surprise que le collier était faux jusqu'à la fin du conte. Le lecteur n'en avait pas la moindre idée).

2. Montrez la ressemblance de Mathilde Loisel avec d'autres personnages littéraires.

(Mathilde sortant aussi du couvent ressemble, par ses rêves et ses fantasmes de liaison avec des hommes distingués, à Madame Bovary. Comme elle, Mme Loisel a pour mari un type médiocre ; comme dans le roman de Flaubert, il y a un bal qui devient l'apogée d'une vie peu heureuse. Le dénouement est pourtant différent : Emma, qui, pour plaire à ses amants s'endette et se suicide, s'oppose à Mathilde qui reste fidèle et joue un rôle actif dans la misère. Il y a aussi ressemblance entre Mathilde et Gervaise, personnage principal du roman *L'assommoir* de Zola : après avoir profité de sa beauté, Gervaise finit dans la pauvreté et doit s'installer dans un « affreux réduit » (**79**,11), ce qui est encore pire que le sort de Mathilde obligée de démenager dans une mansarde).

Travaux complémentaires

1. Le portrait de Mme Loisel : l'évolution d'un personnage sous l'influence d'un événement existentiel

Mathilde de la rue des Martyrs	*Mathilde des Champs-Elysées*
pleine de beauté, de grâce, d'élégance, de charme	vieille, mal peignée, une « bourgeoise » (sans distinction) prompte à s'épouvanter (Mme Forestier pousse un cri)
mais :	*mais :*
• elle souffre de la réalité, du milieu dans lequel elle est née, auquel le mariage la réduit	• elle sort un dimanche de sa misère pour se délasser
• elle est paralysée par ses rêves et sa tristesse	• elle est devenue la femme forte, dure et rude (active) des ménages pauvres
• ce qui compte pour elle, c'est paraître	• paraître ne compte plus pour elle
• elle ne veut plus aller voir son amie : sa richesse la fait souffrir	• elle se sent émue de la revoir
• elle ne lui dit rien de la perte du collier (elle a honte)	• elle a retrouvé un honneur à elle : « maintenant qu'elle avait payé, elle lui dirait tout » (**15**,20)
• elle se sent « malheureuse comme une déclassée » (**7**,6 - 7)	• elle se sent «rudement contente» (bien que déclassée) d'avoir réussi l'effort
• (elle ne sourit jamais)	• elle est fière du remboursement : « elle souriait d'une joie orgueilleuse et naïve » (**16**,8)

Le fait d'avoir pris son parti « héroïquement » de cette réalité aboutit à une identification positive avec elle-même.

Etapes entre la situation de départ et le moment de la rencontre de Mme Forestier :

Mathilde du bal	*Mathilde de la mansarde*	*Mathilde de la fenêtre*
désirs éveillés et satisfaction éphémère dans : • « le triomphe de sa beauté » • « dans la gloire de son succès » • dans ses désirs érotiques de séduire (les yeux des hommes) Accès de narcissisme	tombée dans la vie horrible des nécessiteux : • les durs travaux du ménage • les changements de toilettes • les changements de personnage • les changements physiques	regard, souvenir, rêve, réflexion (se résigne à la fatalité)

Imaginez Mathilde après la rencontre aux Champs-Elysées. A votre avis, que deviendra-t-elle ?

2. Mme Loisel – Une belle parure remplissant le rôle que l'époque assignait à la femme

Mathilde Loisel wird gleich zu Beginn als Opfer der Werte ihrer Gesellschaft eingeführt (« une de ces jolies et charmantes filles »; **7**,1), in ihrer von Geburt an festgelegten Chancenlosigkeit.
Diese Werte sind Sozialprestige, das an Reichtum, eine schwere Mitgift ("dot") oder adlige, bzw. großbürgerliche Abstammung gebunden ist ("naissance", "famille"). Fehlanzeige bei Mathilde, die für ihre Aufstiegsorientiertheit, ihr Schielen nach einer guten Partie aus der Oberschicht das kleinbürgerliche Herkunftsmilieu durch die Aufwertung äußerer Attraktivität und erotischer Qualitäten zu kompensieren sucht. Damit entspricht sie der Erwartungshaltung an die Frauenrolle ihrer Zeit: Frauen, die nicht aus den untereren Volksschichten stammen und von schwerer körperlicher Arbeit freigestellt sind, konzentrieren sich darauf, Männern zu gefallen: « elle eût tant désiré plaire, être enviée, être séduisante et recherchée » (**8**,16 - 17). Konsequenterweise liebt Mathilde alles, was dem "paraître", dem äußeren Erscheinungsbild von Vorteil ist, was die Zugehörigkeit zur Oberschicht suggeriert und als Attribut der Verführung gilt (Kleidung,

Schmuck ...). Die Reduzierung auf kleinbürgerliche Ressourcen muss sie als Herabsetzung empfinden. In einer individuellen Übertreibung weiblicher Rollenerfüllung steigert sie für sich die Gefallsucht zum Narzissmus: ihr Spiegelbild mit Diamantenkollier versetzt sie "en extase devant elle-même" (**11**,6), provoziert alle Symptome einer Erregung der eigenen Ausstrahlung gegenüber (« son cœur se mit à battre d'un désir immodéré. Ses mains tremblaient en la prenant », **11**, 4 - 5); vgl. Zusatztext 6, *Jeux de miroirs,* Schülerbuch, S. 79-80.
Folgende Aspekte könnten die Interpretation bestimmen:
Mathilde Loisel : un destin exemplaire (« une de ces jolies .... filles »)
sous l'œil moqueur du narrateur
ironique
compatissant

1. *La détermination du milieu*
(Comme la richesse, l'argent, le prestige de la famille dans laquelle on est né décident du futur rôle social d'une fille, le milieu joue le rôle du destin.)

2. *L'importance du « paraître » : La compensation pour un milieu défavorisé*
« Car les femmes n'ont point de caste ni de race, leur beauté, leur grâce et leur charme leur servant de naissance et de famille. Leur finesse native, leur instinct d'élégance, leur souplesse d'esprit sont leur seule hiérarchie, et font des filles du peuple les égales des plus grandes dames. » (**7**,7 - 11)
Dieses ideologische Statement im Présent könnte einmal die Selbsteinschätzung Mathildes wiedergeben, ihren Anspruch, den Frauen der Oberschicht gleichzukommen. Die Tempusmorpheme (Présent) lassen den Passus aber eher als vom Erzähler gesetzte ewige Wahrheit verstehen.

3. *La sur-compensation de la narcissique*
(Le désir de plaire, d'être séduisante concentre toute l'attention sur l'attrait physique et sur tout ce qui sert à l'augmenter. Mathilde se regardant elle-même dans la glace, parée du collier de diamants, est fascinée par elle-même. Elle est enthousiasmée par sa propre beauté. Au moment où elle se voit dans la glace, elle a pleinement conscience de sa beauté. Ainsi, elle est disposée à être la plus admirée du bal et à jouir « avec ivresse » du « triomphe de sa beauté » (**11**,18)).

Zusatztext: Jeux de miroirs *(Schülerbuch, S. 79-80)*

1. *Montrez l'importance du miroir dans l'œuvre de Maupassant.* (Le miroir est un motif récurrent dans l'œuvre de Maupassant. Cet objet, soit comme armoire à glace, soit comme psyché, apparaît dans des situations-clés pour ses personnages. Le reflet d'un miroir leur sert à prendre conscience d'une métamorphose qu'ils ont parcourue ou bien d'un danger qui les menace.)

2. *Comparez Duroy (personnage central du roman* Bel-Ami*) face à son image « reflété par une haute glace en pied » à Mme Loisel essayant « les parures devant la glace ».*
(Pour les deux personnages, « les jeux de miroirs » annoncent une grande victoire : Duroy est au début de son ascension sociale. L'image donnée par le miroir lui est encore étrangère ; elle le confronte à la métamorphose parcourue. Mme Loisel, enthousiasmée d'elle-même face au miroir, y reconnaît la promesse de la gloire de sa beauté et de l'admiration tant désirée. Les deux personnages réagissent avec une forte émotion. Mme Loisel qui a les mains tremblantes saute au cou de son amie ; Duroy est pris d'un élan de joie qui le fait tressaillir.)

3. *Expliquez le jeu de miroir pour Mathilde au moment où elle rentre du bal.*
(Le reflet du miroir lui annonce cette fois-ci l'abîme où elle va tomber, la catastrophe.)

3. La relation du couple à travers le conte

Das Unterrichtsgespräch könnte zu folgenden Ergebnissen führen:

Loisel : l'antithèse en personne
Le Loisel de l'exposition n'a ni nom, ni prénom, mais est réduit à « son identité sociale »: un petit commis. A l'opposé des espoirs de la jolie jeune fille d'être « épousée par un homme riche et distingué », Loisel est tout simplement le contraire, l'incarnation de l'anti-type, objet de la résignation (se laissa marier), le contraire du « prince » tant désiré. Ainsi les conditions de vie qu'il offre sont la source du chagrin continuel de l'héroïne.

Loisel à l'écoute des besoins de sa femme
Vu de près, Loisel surprend par ses gestes qui expriment un amour tendre pour sa femme. Il n'ignore pas du tout son mécontentement permanent, mais se donne « une peine infinie » pour lui faire plaisir

(invitation au bal). Bien que le narrateur se moque de lui (« l'air glorieux »), il lui reconnaît en même temps des traits sympathiques : il renonce à ses propres désirs (voir **10**,1 - 2) pour délaisser l'argent économisé à sa femme. De plus, il a de l'imagination pour trouver des solutions à ses problèmes (l'emprunt de la parure).

Loisel : l'homme exclu de la victoire du bal
D'abord médiateur, grâce à l'invitation ministérielle, il ne joue plus aucun rôle pendant la volupté du bal. Pour laisser à sa femme toute la liberté à s'amuser, il dort dans un petit salon désert avec d'autres messieurs. Il représente la réalité banale à l'opposé du bonheur de sa femme qui touche au rêve et à l'idéal (« le nuage de bonheur »).

Loisel : premier choc de la réalité après le bal
Vers quatre heures du matin, Mme Loisel, encore occupée de l'extase qu'elle vient de vivre, est confrontée à la réalité honteuse : son mari lui jette des vêtements ordinaires sur les épaules et elle veut s'enfuir parce qu'elle a honte. Peut-être pas seulement à cause de la pauvreté mais aussi de son mari.

Loisel : le partenaire sur lequel on peut compter dans la misère
Après le constat de la perte « ils se contemplaient atterrés ». Tandis que le bonheur du bal les a séparés, c'est la misère qui les unit. A partir de maintenant tout se passe « sous sa dictée ». Comme Mme Loisel ne joue aucun rôle dans le monde des affaires bancaires, c'est son mari qui prend l'initiative de la restitution et de l'emprunt de l'argent. C'est lui qui, par un effort surhumain, prend son parti de payer les dettes. La nouvelle ne parle pas de reproches entre les partenaires, mais de leur effort commun et réussi après dix ans.
Ce qui est quand même étonnant, c'est que Loisel organise la substitution en dictant la lettre à Mme Forestier et que ce ne soit pas Mathilde qui lui parle ouvertement. Il n'est jamais question de lui parler (entre amies) de la perte : une conception de l'honneur qui préfère la ruine à la honte.

4. Novelleninterpretation per Mausklick
Eine für die heutige Schülergeneration problemlose Annäherung an die Zeitstruktur einer Erzählung könnte über Tabellenkalkulation per PC erfolgen. Die Grundlagen stammen aus einer Narrativik, die versuchte, epische Dichtung mit objektiven Kriterien zu beschreiben und das Verhältnis von *erzählter Zeit/le temps narré* (die durch die

Erzählung abgedeckte Zeitspanne, z.B. das Leben der Mme Loisel von der Geburt bis zu ihrer Begegnung mit Mme Forestier auf den Champs-Elysées) und der *Erzählzeit/le temps de la narration* (die zum Erzählen/Vorlesen benötigte Zeit) untersuchte.
Ein Ersatzkriterium für die Erzählzeit fand die Narrativik in dem für die Erzählung benötigten Platz (Seiten- oder Zeilenzahl). Mit Kriterien der *Zeitraffung/accélération* (z. B. « cette vie dura dix ans » : 1 Zeile für 10 Jahre) oder *Zeitdehnung/ralentissement* (Erzählzeit länger als erzählte Zeit) ermittelte man die Spannungsmomente einer Erzählung als Auswahlprozeß des Erzählers: Welchen erzählten Ereignissen räumt er den größten Platz und damit die größte erzählerische Intensität ein? Die angestrebte Objektivität wurde dadurch unterstrichen, daß man die Zeitrelation in einem Koordinatensystem darstellte (x/Horizontale = erzählte Ereignisse; y/Vertikale = Zeilenzahlen, Erzählzeit).
Ohne diesen Aspekt als interpretatorischen Zugriff übertreiben zu wollen (für *La parure* z.B. sind viele Schätzwerte nötig, was den Zeitpunkt der Heirat und das exakte Lebensalter betrifft, so lässt sich über dieses Verfahren doch immerhin die 4. Sequenz (Ball als Höhepunkt und Absturz) als das erzählerisch intensivste, also zentrale Ereignis des *conte* nachweisen.
An dieses Ergebnis könnte sich ein gattungstheoretischer Hinweis anschließen : die Bedeutung der unerhörten Begebenheit (*le nœud*) für die Komposition der Novelle als epischer Kleinform.
Die Koordinaten und die Erzählkurve sind selbstverständlich auch leicht per Hand zu zeichnen, die Kurvendiskussion knüpft (fächerverbindend) an die Mathematik an und setzt den Kurvenverlauf zu erzählten Ereignissen in Beziehung. Eine heutigen Präsentationsmaßstäben entsprechende Kurve kann aber auch über PC mit Tabellenkalkulation hergestellt werden. Schülerinnen und Schüler, die in Klasse 8 ITG (Informationstechnische Grundbildung) besucht haben, verfügen über das entsprechende Knowhow.
Dennoch sollten den Schülerinnen und Schülern für die Durchführung dieser Unterrichtsphase zum Abschluß der Behandlung von *La parure* gegebenenfalls mehr oder weniger konkrete Hilfen gegeben werden:
• Zunächst teilt man den *conte* in Handlungsschritte bzw. Stationen im Leben der Mme et M. Loisel ein; es lassen sich deren 13 feststellen: 1 = Naissance, mariage; 2 = L'humble ménage; 3 = L'invitation au bal; 4 = Préparation du bal; 5 = Le bal; 6 = La descente … Arrivée dans la rue des Martyrs; 7 = La découverte de la perte; 8 = Les recherches; 9 = La restitution; 10 = Visite chez Mme Forestier; 11 = La vie de dix ans; 12 = Après la restitution; 13 = La rencontre.

• Anschließend sollte für jede der 13 Stationen die erzählte Zeit ermittelt werden. Hier sind, wie schon weiter oben erwähnt, zahlreiche Schätzwerte erforderlich; es wird angenommen, dass Mme Loisel zum Zeitpunkt ihrer Heirat (1. Station) ungefähr 20 Jahre alt war (= 7200 Tage). Weitere Schätzwerte: 2 = etwa 3 Jahre, 3 = 10 Min., 4 = 1 Monat, 5 = 8 Stunden, 6 = 1 Stunde, 7 = 5 Min., 8 = 1 Woche (vgl. **13**,13), 9 = etwa 1 Monat, 10 = etwa 1/2 Stunde; 11 = 10 Jahre (vgl. **15**,4); 12 = etwa 2 Monate; 13 = etwa 1/2 Stunde.
• Schließlich wird die Erzählzeit für die einzelnen Stationen gemessen; dies erfolgt über die Summe der Zeilenzahlen pro Handlungsschritt. Unter Zuhilfenahme des Zeilenzählers im Schülerbuch kommt man zu folgendem Ergebnis: 1 = 5 Zeilen, 2 = 36 Zeilen, 3 = 46 Zeilen, 4 = 38 Zeilen, 5 = 10 Zeilen, 6 = 22 Zeilen, 7 = 16 Zeilen, 8 = 16 Zeilen, 9 = 32 Zeilen; 10 = 6 Zeilen; 11 = 17 Zeilen; 12 = 11 Zeilen; 13 = 33 Zeilen.
Für die Darstellung des Verhältnisses von erzählter Zeit zu Erzählzeit per PC geht man wie folgt vor:
• Zunächst öffnet man das Tabellenkalkulationsprogramm (die im Folgenden beschriebenen Schritte beziehen sich auf *Microsoft Excel,* sind aber für andere Tabellenkalkulationsprogramme ähnlich) und gibt für die erzählte Zeit 14 Zahlenblöcke ein (der erste Block trägt eine Null) ; dabei ist es wichtig, daß die Zeitangaben in Dezimalzahlen dargestellt werden und der jeweilige Eintrag zu dem vorangegangenen Eintrag addiert wird, also: Station 1 = 7200 (Tage = 20 Jahre); Station 2 = 8280 (Tage = 20 + 3 Jahre); usw.
• Danach werden für die Erzählzeit 14 Zahlenblöcke eingegeben (Block 1 wieder mit einer Null beginnend) : Station 1 = 5 (Zeilen); Station 2 = 41 (Zeilen = 36 + 5); usw.
• Anschließend geht man wie folgt vor: alle Zahlenblöcke markieren –> Menüleiste “Einfügen” –> Diagramm –> Als neues Blatt (es erscheint der Diagramm-Assistent) –> “weiter” bis “Schritt 2 von 5” –> Diagrammtyp “Punkt (xy)” –> Doppelklick “Schritt 3 von 5” –> “Autoformat 2” auswählen –> Doppelklick.
Auch wenn es sich bei der erzählten Zeit nur um Schätzwerte handelt, können die Schülerinnen und Schüler nun durch Vergleich mehrerer Diagramme mit geänderten Schätzwerten feststellen, dass sich der Kurvenverlauf unwesentlich verändert, wenn bei den Zeiteinheiten kleine Änderungen vorgenommen werden.

Festessen im Großbürgermilieu, 19. Jahrhundert
(Marchetti)

Am Tagelöhnertisch
(© Deutsches Historisches Museum, Berlin)

Auguste Renoir, Madame Claude Monet lisant, 1872.
(© AKG Photo, Berlin)

Madame Loisel liest *Madame Bovary*.
(Gabriele Rüger-Groth, Gundelsheim)

Le gueux

Résumé et commentaire

Le gueux est l'histoire d'un être humain qui n'a jamais connu l'amour, l'affection ou l'amitié. Rejeté dès sa naissance, ses parents l'ont abandonné dans un fossé. Deux fois dans sa vie il rencontre de la pitié. D'abord quand le curé le sort du fossé, puis l'élève, mais sans lui donner d'instruction. Plus tard c'est une baronne qui lui accorde un abri près de son poulailler et qui lui donne quelque chose à manger, jusqu' à ce qu'elle meure.
A l'âge de quinze ans, il a un accident fatal qui le réduit à la mendicité parce qu'il a les deux jambes écrasées et qu'il a besoin de béquilles pour marcher.
Ainsi, durant 40 ans, il parcourt régulièrement son petit univers : trois ou quatre villages qu'il traverse l'un après l'autre pour demander l'aumône. Les villageois, qui ont le cœur dur, se sentent de plus en plus importunés par ce handicapé auquel ils refusent souvent la moindre chose. De plus, ils considèrent son passage comme une sorte de provocation.
Tendre la main est pourtant le seul geste qui lui reste pour communiquer ; une réaction à ce geste demeure pour lui l'unique forme de rapport humain. Cela l'exclut de plus en plus de la société humaine : sans abri, il doit se chercher un refuge au hasard, une grange, par exemple, qui lui sert de cachette. Ne faisant jamais l'expérience de la bonté mais seulement de l'hostilité, il craint les hommes, surtout les gendarmes dont il se cache instinctivement. Ses conditions de vie ressemblent à celles des « bêtes de bois » (**18**,19).

L'action commence au moment où le gueux a déjà pratiquement perdu l'usage de la parole et est incapable de comprendre sa situation. Le lecteur le voit affamé et poussé par l'instinct à demander quelque chose pour survivre. Mais les portes de son petit univers se ferment l'une après l'autre devant lui. Torturé par la faim, il tue la poule d'un fermier pour pouvoir ensuite la manger. Témoin de la scène le fermier frappe brutalement le gueux. D'autres arrivent et se mettent également à le frapper. Ensuite on l'enferme et on appelle les gendarmes.

Viennent enfin pour le gueux les dernières stations du chemin de croix : c'est la marche du prisonnier vers le chef-lieu de canton, entre deux gardiens et sous les regards des curieux qui l'insultent. Il meurt dans sa prison avant l'aube.

Structure

Die Edition der Pléjade und die hier vorliegende enthält keine graphisch erkennbaren Struktureinschnitte. Die Strukturanalyse beruht hier:
• auf der Zeitstruktur (von der Retrospektive zur Erzählgegenwart, gestützt durch die Tempusverteilung);
• damit einhergehend auf einer zunehmenden Fokussierung der erzählten Figur;
• entsprechend einer Steigerung der Erzählintensität zum Ende hin.
Daher ergeben sich vier klar voneinander abgegrenzte Sequenzen, die noch feinstrukturiert werden.

Cette nouvelle se compose de quatre séquences narratives dont deux forment le corps de la nouvelle :

1. L'exposition : séquence 1 (**16**,12 - 23)
Dans une rétrospective à trois étapes (l'infirmité à l'époque où il avait encore de meilleures chances, l'accident à l'âge de 15 ans, le début de son existence dans le fossé) le narrateur résume la biographie d'un homme qui, depuis sa naissance, a toujours été malchanceux. Au moment où commence l'action, Nicolas Toussaint, victime de l'existence, se trouve déjà dans un abîme de misère (« Il avait connu des jours meilleurs », **16**,12).

2. Le corps de la nouvelle

Séquence 2 : Les quarante ans d'infirmité (**17**,1 - **18**,23)
– La pitié de la baronne (**17**,1 - 7) : Nicolas Toussaint a encore un abri près du poulailler et une assurance contre la famine.
– L'insécurité de son existence après la mort de la baronne (**17**,8 - **18**,23) : la dureté et l'hostilité des paysans ; les conditions de vie d'un animal sauvage : réduit à un terrain limité, déterminé par l'instinct, sans rapport humain, sans abri.

Séquence 3 : Les derniers jours du gueux (**18**,24 - **22**,17)
– La situation de celui qui n'a rien mangé depuis deux jours et une mendicité qui n'apporte rien (**18**,24 - **19**,10).
– L'action initiale : la marche vers Tournolles (**19**,11 - 22); déclenchée par le premier passé simple du texte (« il se mit en marche », **19**,11).
– L'arrivée à Tournolles et les portes qui se ferment l'une après l'autre devant le mendiant (**19**,23 - **20**,16).
– L'instinct de conservation : la chasse de la poule (**20**,16 - 29).
– Les dernières souffrances de la "créature crucifiée" (**21**,1 - **22**,17).

Le dénouement : séquence 4 : (**22**,18 - 19)
Toussaint est mort dans la prison.

Diagramme de la structure et courbe de la tension dramatique

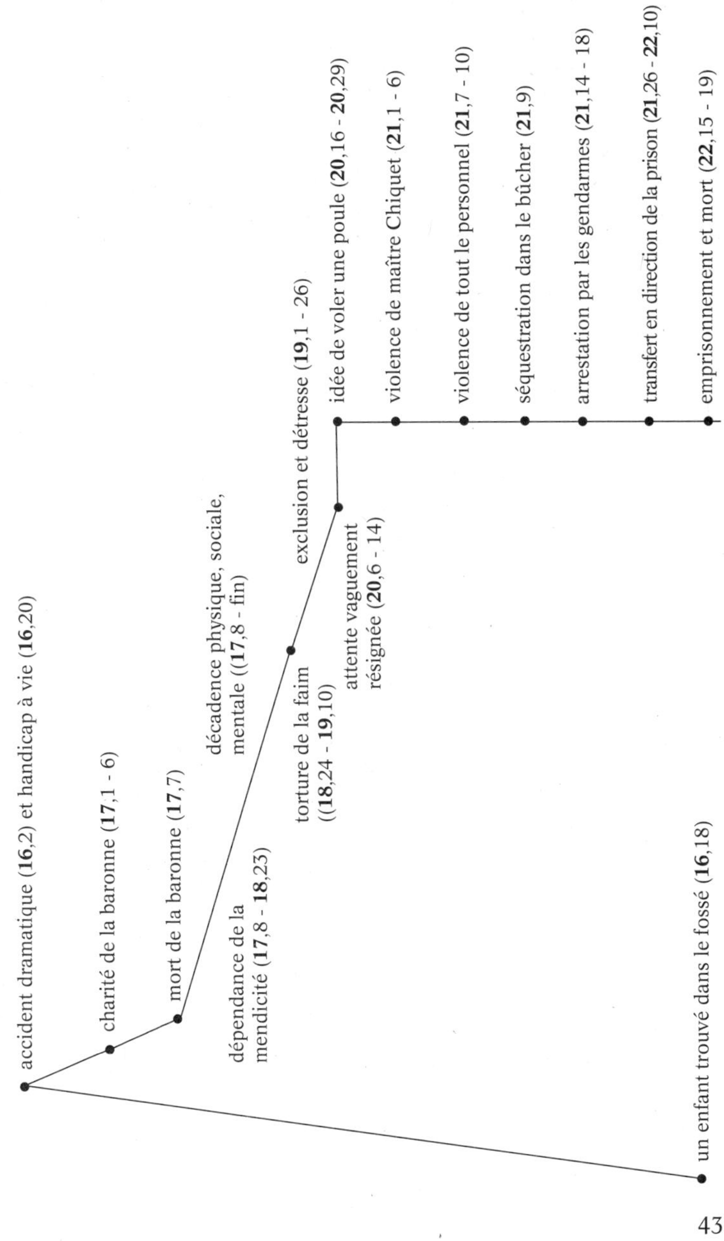

Suggestions pour l'exploitation pédagogique

Außer den für *La parure* zur Novellenbehandlung bereits allgemein formulierten Zielen (siehe S. 12/13) könnten für *Le gueux* folgende Ergebnisse der didaktischen Analyse eine Rolle spielen:

• den Gang der Handlung über die eigenwillige Strukturierung des Erzählers nachvollziehen:

– die Retrospektive als strukturbildend erkennen;

– die "unerhörte Begebenheit" (hier die letzten beiden Tage im Leben des Nicolas Toussaint) in einer ansteigenden Erzählintensität und in der Tempusverteilung wiederfinden (die Bedeutung des passé simple zur Abgrenzung von 'situation de départ' und 'action déclenchée');

• den (raffenden) Telegrammstil der Exposition von z. B. der intensiven, detailorientierten Erzählpassage der Hühnerjagd unterscheiden und in ihrer Funktion bewerten;

• die Existenzweise des Ausgesonderten aus der menschlichen Gesellschaft bis zum Sprachverlust begreifen und davon betroffen sein;

• Maupassant in seiner sozialen Phantasie und seinem Mitleid erleben und schätzen lernen und diesen Aspekt durch die Zusatztexte 8, *Maupassant, peintre de la misère humaine,* Schülerbuch S. 83 und 9, *La satire et la pitié*, Schülerbuch S. 84 vertiefen; dabei gleichzeitig Skepsis und nihilistische Einschätzungen des Autors erarbeiten;

• *Le gueux* als Inbegriff der leidenden Kreatur verstehen mit evtl. biblischen Bezügen (Analogie der Dezembergeschichte des Nicolas Toussaint mit der Herbergsuche : « De porte en porte on le rudoya, on le renvoya » (**19**,27) und mit dem Kreuzweg;

• die Hartherzigkeit der normannischen Bauern, ihre Bereitschaft auszusondern und in ihrer Gruppendynamik bis zur körperlichen Aggression gegen den Andersartigen vorzugehen, erkennen und als latente Gewaltbereitschaft des Menschen gegenüber Fremdem kritisch bedenken;

• angesichts der "nouveaux pauvres", der steigenden Zahl von Obdachlosen, der in der Nähe von Metroschächten im Winter erfrierenden Menschen, der Straßenbettler in unseren Großstädten die brisante Aktualität von *Le gueux* erkennen (im Zielbereich könnte daher die literarische Interpretation nicht nur an historisch-soziologische, sondern auch an aktuell-landeskundliche Befunde anknüpfen; vgl. z.B. *Nouveaux Horizons 1*, Klett-Nr. 52097, S.75-77);

• vom Methodischen her den Text teilweise als Hörtext mit gezielten Höraufgaben erschließen (vgl. S. 45-48) und sich seiner Thematik über einen *approche créative* annähern (vgl. S. 45).

Lecture et compréhension

Phase 1 : approche créative

Zwei Wahlmöglichkeiten: entweder Bildimpuls ("Straßenbettler") oder folgende Lehrervorgabe:
Zone piétonne d'une grande ville : un mendiant assis par terre. Un petit carton devant lui, peu de monnaie dedans. Beaucoup de passants dans cette rue commerçante. Imaginez leurs pensées, leurs monologues intérieurs, leurs réactions devant celui qui tend la main. Imaginez aussi son comportement, les idées qu'il se fait et rédigez un reportage.
Dieses kreative Schreiben als Einstieg kann die Alltagserfahrung des Bettelns präsent machen: unterschiedliche Reaktionen, Einstellungen; es erfordert aber auch Perspektivenwechsel, das Sich-Hineinversetzen in den Bettler.
(Eléments de réponse : Une passante portant plusieurs sacs qui proviennent d'un magasin de luxe. Comme elle est très pressée, elle semble importunée par le mendiant. Elle n'a plus de main libre pour sortir son portefeuille. Elle paraît avoir presque tout dépensé. D'autres ignorent le mendiant et préfèrent regarder les vitrines. Une petite fille aux cheveux bruns ; elle est très gaie à la vue des jouets dans les magasins de la zone piétonne ; elle aperçoit le mendiant ; elle demande à son père, avec gentillesse mais aussi avec insistance, de lui donner quelques francs pour le mendiant. Ce dernier remercie humblement d'un geste et d'un sourire.)

Phase 2 : approche audio-orale

<u>**16**,12 - 23:</u>
Für die Textpräsentation soll nun das im Bildungsplan von 1994 aufgewertete Hörverstehen geübt werden (*Bildungsplan für das Gymnasium, Kultus und Unterricht, Baden-Württemberg, 21.02.1994*).
Dabei sind folgende Schritte zu bedenken:
1. Hörerwartung aufbauen zur selektiven Aufnahme der Textinformation als einer Erleichterung des Textverständnisses:
• durch Schlüsselbegriffe (Auswahl aus den Annotations, wobei nicht alle Worterklärungen nötig sind, sondern eine *kalkulierte* Überforderung der Schülerinnen und Schüler intendiert ist);
• durch Höraufgaben auf Arbeitsblatt, die vor der Textpräsentation verteilt werden;

• durch die Textsituierung: nach dem kreativen Einstieg eventuell durch folgenden Impuls: *Dans la plupart des cas, ceux qui sont tombés dans la misère n'en sont pas responsables. Ecoutez cette biographie d'un miséreux.*Vorgabe des ersten Satzes durch Lehrer; dann
2. Präsentation des Hörtextes auf Kassette (authentisches Hörmaterial in Originalsprechgeschwindigkeit und Intonation mit Phonemvarianten); der Gesamttext befindet sich auf der Kassette *Guy de Maupassant, Contes,* Klett-Nr. 597342.
3. Kontrolle des Hörverstehens über gezielte *Exercices de compréhension.*

Mögliche Höraufgaben:

Faites une croix.	*vrai*	*faux*
1. a) A l'âge de 15 ans, il avait un accident.	❑	❑
b) A l'âge de 15 ans, il rencontrait un curé.	❑	❑
2. Le boulanger lui donnait		
a) un morceau de pain	❑	❑
b) quelques verres d'eau-de-vie	❑	❑
c) une béquille	❑	❑
3. Le miséreux était un enfant trouvé et élevé		
a) par le curé	❑	❑
b) par une organisation charitable	❑	❑

Complétez les phrases suivantes. (nach dem 2. Hören der Passage)

4. Il mendiait en se traînant le long des chemins à travers …
5. Il marchait balancé sur …
6. Enfant trouvé dans un …
7. … Nicolas Toussaint

Répondez brièvement.

8. Quel métier a-t-il appris ?
9. De quoi vit-il actuellement ?

Lösungen:
vrai : 1.a); 2b); 3.a); *faux :* 1.b); 2.a)/c); 3.b).
4. … à travers *les cours des fermes*
5. … balancé sur *ses béquilles*
6. Enfant trouvé dans un *fossé*

7. ... *baptisé pour cette raison,* Nicolas Toussaint
8. *Il n'a appris aucun métier.*
9. *Il mendie.*

17,1 - 7:
Nach der Überprüfung der Lösungen kann nun diese neue Passage wortschatzmäßig vorentlastet werden und dann offen, d.h. ohne *Exercices de compréhension* als Hörtext präsentiert werden.
Anschließende Fragen:
Il est question d'une baronne. Quelle était sa relation avec Nicolas ? Qu'est-ce qu'elle lui donnait précisément ?

Lösungen:
La baronne était une personne sur laquelle Nicolas pouvait compter dans sa misère. Elle lui donnait : un abri (près du poulailler), quelque chose à manger et à boire s'il n'en avait rien d'autre, un peu d'argent.

17,8 - 27 (Mögliche Höraufgaben):

Cochez la solution correcte.

1. a) Les gens du village sont très charitables envers le vagabond parce qu'ils le connaissent depuis son enfance.
   b) Les gens du village en ont assez de ce vagabond qu'ils connaissent trop.
   c) Les gens du village lui offrent les fruits de leurs champs.

2. a) Le mendiant ne parle pas aux gens parce qu'ils lui font peur.
   b) Le mendiant, parce qu'il n'a pas de famille, cherche toujours quelqu'un à qui parler.
   c) Le mendiant raconte toujours des histoires de la baronne.

3. Le handicapé a un terrain très limité pour sa mendicité,
   a) parce que les gendarmes le contrôlent dans ses frontières ;
   b) parce que son infirmité est trop grande pour aller plus loin ;
   c) parce qu'il a peur de tout ce qui est nouveau.

Lösungen: 1.b); 2.a); 3.c).

Hausaufgabe : *Lisez le texte jusqu'à la page* **19**,*10 et rédigez un exposé avec le titre : Le gueux - un exclu de la société humaine.*
(Solutions individuelles ; Exemples : 1. abandonné à sa naissance par

sa mère ; 2. sans instruction ; 3. un handicapé qui ne peut pas gagner son pain –> mendiant ; 4. sans abri ; 5. chassé de la communauté humaine (des gens importunés par sa présence) ; 6. vivant comme les bêtes des bois ; 7. sans relations humaines.)

Pour analyser ce cas d'exclusion du gueux, consultez le texte (–> Hausaufgabe*) et répondez aux questions suivantes.*
Die unterstrichenen Passagen im Erwartungshorizont beziehen sich auf den anschließenden Unterrichtsschritt (siehe S. 49).

1. Qui est-ce qui l'exclut ?	Les paysans et surtout les paysannes (à qui il demande quelque chose à manger).
2. Quels sont leurs mobiles ?	« on était fatigué de lui depuis quarante ans » (**17**,9); il excite « une sorte de mépris indifférent et d'hostilité résignée » (**18**,21); « on ne voulait plus de lui » (**18**,25); on veut se débarrasser de lui (**19**,25; **21**,28); et voilà son essai de voler une poule.
3. Mesure collective ou individuelle ?	d'abord sans complicité évidente, mais parallélisme (généralisation) du refus (*les* paysans, *les* femmes, *on*...); *Je s'rons* donc jamais débarrassé de té (**19**,25); l'agression d'abord individuelle de maître Chiquet contre le gueux, puis la brutalité augmentée par un processus de dynamique du groupe (**21**,7 - 10, 26 - 28, **22**,4 - 7)
4. De quelle manière l'exclue-t-on ?	On s'adresse à lui d'un ton de brutalité (montante) pour le chasser et pour lui refuser la moindre chose ; on commence par le battre et l'enfermer dans le bûcher (**21**,9). Puis on le fait arrêter par les gendarmes (**21**, 7 - 10), et on l'arrache à son univers habituel (**21**,26). Les gens sont prêts à le laisser mourir (**22**, 15 - 17).

*Lisez la suite du texte jusqu'à la fin (***19***,11 - ***22***,19) et répondez aux mêmes questions (p. 47, 1-4).*

Weitere Untersuchungsaufträge für arbeitsteilige Gruppenarbeit (evtl. als Zirkeltraining):

1. Etudiez la composition du conte en respectant la suite chronologique.
(–> Structure, p. 41-43)

2. La biographie du gueux - un chemin de croix : Enumérez les stations de son calvaire.
(1. abandonné par sa mère ; 2. être handicapé ; ... marcher en direction de la prison avec ses béquilles; mourir)

3. En quoi l'histoire de décembre du gueux ressemble-t-elle à celle de Marie et Joseph dans la Bible.
(Marie et Joseph vont aussi de porte en porte et ne trouvent pas d'auberge.)

4. Pourquoi la nature est-elle évoquée dans le conte et quelle est la fonction de ce procédé ?(**19**,12 - 14, **20**,3 - 5, **20**,14 - 15)
(sert à 1. illustrer le comportement glacial des paysans ; 2. excuser les paysans qui sont déterminés dans leur comportement par le manque de lumière, le froid qu'il fait ... ; 3. souligner la situation difficile du gueux.)

5. Comparez le conte aux articles de la loi imaginaire *(Schülerbuch, p. 83) et analysez les deux façons de se débarrasser de la misère qui gêne.*

(Loi imaginaire	*(Conte*
les marginaux et les exclus doivent jouer la comédie pour cacher leur misère ; ce sont des articles satiriques/ironiques)	c'est une fiction émouvante ; on se débarrasse de ceux qui gênent)

6. Quelle est l'intention philosophique de Maupassant lorsqu'il décrit la cruauté des paysans normands ?
(Zur Beantwortung können die Zusatztexte 8 und 9, Schülerbuch S. 83-85 herangezogen werden. Suggestion de réponse : Maupassant a une vision pessimiste de l'homme : selon l'auteur il n'y a pas de remède contre sa misère. Les crimes « trouvent dans la collectivité des complices cruels et complaisants » (**84**,10 - 11). Voilà une explication pour l'indifférence de tous face à la souffrance que le gueux doit endurer pendant toute sa vie.)

La ficelle

Résumé et commentaire

En se rendant sur la place de Goderville, un jour de marché, maître Hauchecorne, un paysan normand très économe, trouve un morceau de ficelle qu'il n'hésite pas à ramasser malgré ses rhumatismes. Honteux d'avoir été observé par son ennemi, le bourrelier du village, il cache sa trouvaille. Or ce petit geste banal et son attitude équivoque lui seront fatals, car, à peu près au même moment, un paysan d'un village voisin a perdu son portefeuille.

Accusé à tort, maître Hauchecorne ne saura prouver son innocence ; il ne rencontrera qu'incrédulité et moqueries de toute part. Ne vivant plus que pour cette idée fixe : la défense de son honneur perdu, il finira par sombrer dans la folie et mourra peu de temps après.

Maupassant nous conte sans émotion et sans exprimer de pitié cette histoire dramatique qui met en relief sa vision pessimiste du monde, son idée qu'un incident banal, un objet, peuvent changer le cours de l'existence.

Le lecteur découvre le récit à travers le regard du narrateur qui fonctionne comme une caméra. Située sur la place, la caméra montre d'abord des paysans qui arrivent dans le village, puis la place du marché. Après un gros plan sur le personnage principal et sur l'attitude qui lui sera fatale, elle le suit et le perd dans la foule, le retrouve dans une auberge et ne le quittera plus.

Elle nous fait assister à la lutte acharnée, désespérée d'un être qui essaie de défendre sa réputation sans y parvenir.

Maître Hauchecorne : victime de la société, du destin ou artisan de son propre malheur ?

Structure

Cette nouvelle, à la construction linéaire, se compose de sept séquences narratives que l'on peut regrouper en trois parties : l'introduction, le corps de la nouvelle et le dénouement (voir tableau p. 52).

1. L'introduction : séquence 1 (**23**,1 - **24**,12)
Maupassant nous présente le cadre de sa nouvelle : un village normand, un jour de marché. Après une description des paysans et des paysannes, il nous montre la place du marché et son animation.

2. Le corps de la nouvelle

Séquence 2 : maître Hauchecorne (**24**,13 - **25**,14)
Cette séquence comporte la présentation du personnage principal, maître Hauchecorne et de son ennemi Malandain, l'action initiale (le geste de Hauchecorne et son attitude) et la description du marché.

Séquence 3 : chez Jourdain (**25**,15 - **27**,8)
Description d'une auberge normande à l'heure du dîner : atmosphère de gaieté, de contentement, interrompue par deux événements : tout d'abord, l'arrivée du crieur public qui annonce la perte d'un portefeuille, puis l'arrivée du brigadier qui vient chercher M. Hauchecorne (suspense, tension).

Séquence 4 : l'accusation (**27**,9 - **28**,30)
C'est la séquence centrale de la nouvelle en raison de sa longueur et de l'intensité de sa tension dramatique. Dialogue entre le maire et Hauchecorne ; confrontation entre Malandain et Hauchecorne. Hauchecorne ne parvient pas à convaincre le maire de son innocence. Attitude des gens de Goderville et de Bréauté ; réaction de Hauchecorne.

Séquence 5 : le triomphe (**28**,31 - **29**,16)
Cette séquence pourrait constituer le dénouement final, mais elle ne fait que porter au sommet la courbe de tension qui était retombée après la nouvelle de la restitution de portefeuille. Le triomphe de Hauchecorne est de courte durée. Très vite, l'inquiétude le reprend devant l'attitude des gens.

Séquence 6 : la défaite (**29**,17 - **30**,14)
De retour à Goderville, Hauchecorne fait trois rencontres qui contribuent à intensifier la tension. Il quitte l'auberge sans terminer son repas, chassé par la honte, les moqueries, l'impuissance à défendre son honneur.

3. Le dénouement : séquence 7 –> le martyre de Hauchecorne (**30**,15 - 30)
Hauchecorne sombre dans la démence, devient un pantin, un clown. Perte de la santé psychique et physique –> mort.

Structure de la nouvelle et courbe de la tension dramatique

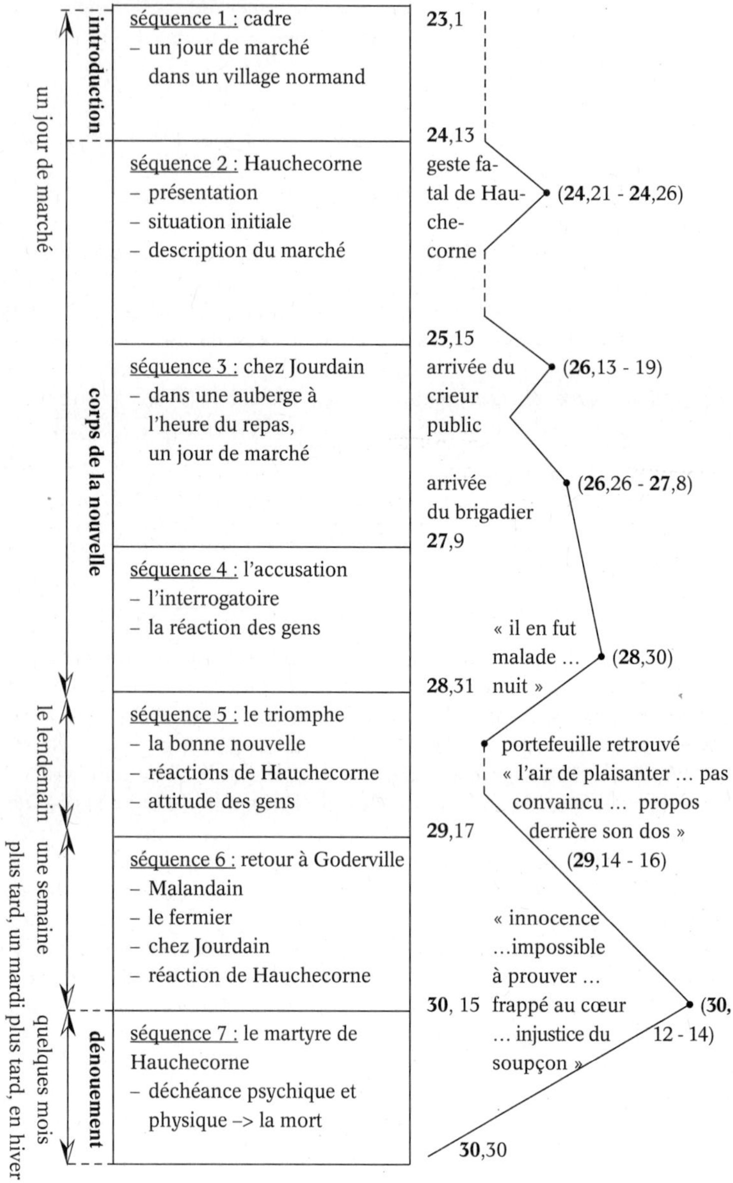

Suggestions pour l'exploitation pédagogique

Phase 1 : phase créative

Zwei Wahlmöglichkeiten:
1. *Ecrivez l'histoire de quelqu'un qui est accusé à tort et qui parvient à prouver son innocence.*
2. *Rédigez l'histoire tragique de quelqu'un qui n'arrive pas à prouver qu'il est innocent.*
(dans les deux cas, l'histoire devra se composer de quatre parties ; a) la description de l'affaire ; b) le fait qui provoque l'accusation ; c) l'essai de se défendre et son succès/son échec ; d) résultat(s) pour la personne accusée)

Phase 2 : approche audio-orale

Dieser *conte* kann per Kassette präsentiert werden. Das Textverständnis wird Sequenz für Sequenz kontrolliert, indem entweder der Inhalt zusammengefasst und kurz kommentiert wird, oder indem die wichtigsten Elemente herausgearbeitet und die Sequenzen mit Titeln versehen werden.

Phase 3 : approche créative de l'action initiale

Nachdem die Sequenz 1 vorbereitet wurde, werden zwei Schüler/innen ausgesucht, die die Rolle des *Maladin* und des *Bürgermeisters* spielen sollen; sie werden aus dem Klassenraum geschickt und erhalten Hinweise für die zu spielenden Rollen.
Parallel dazu bereitet eine Gruppe von Schülern/innen die Sequenz 2 vor, wobei ein/e Schüler/in sich mit der Rolle des *Hauchecorne* vertraut macht.
Gleichzeitig beschäftigt sich eine andere Gruppe von Schülern/ innen mit der Textpassage aus der Sequenz 3, in der es um den *crieur public* geht, und bestimmt jemanden für diese Rolle. Der Redetext läßt sich einfach formulieren; er könnte wie folgt lauten : « Maître Houlbrèque, fermier de Manneville, a perdu ce matin son portefeuille en allant au marché. Il donnera 20 F de récompense à la personne qui le lui rapportera. »
Zur praktischen Vorgehensweise :
1. Zuerst ruft man den Schüler/die Schülerin in der Rolle des *Malandain* herein. Seine Aufgabe besteht darin, die Szene (**24**,15 - 19) zu beobachten, in welcher der Schüler Hauchecorne etwas aufhebt, ohne dass der Gegenstand erkennbar wäre.

2. Dann lauscht *Malandain* dem Vortrag des *crieur public* und kommentiert seine Beobachtungen.
3. Nun ruft man den *Bürgermeister* herein. *Malandain* wird beauftragt, den Bürgermeister über seine gemachten Beobachtungen zu informieren. Daraufhin gibt der *Bürgermeister* eine Erklärung ab.

Phase 4 : lecture et compréhension

Ausgesuchte Sequenzen dieses *conte* können von den Schülern/innen zu Hause vorbereitet werden, andere sollen im Unterricht gelesen und kommentiert werden.

1. *Que signifie la phrase : « tout était bon à ramasser qui peut servir. » (**24**,15 - 16) ?*
(il faut ramasser/prendre toute chose que l'on trouve et qui peut être utile/et dont on peut avoir besoin un jour)

2. *Que faut-il comprendre par l'expression : « l'aristocratie de la charrue » (**26**,1) ?*
(la classe des paysans les plus riches/les plus aisés)

3. *Dites en quoi le passage ayant trait au crieur public est un moment comique.*
(voix saccadée, phrases scandées à contretemps)

4. *Comment le maire de Goderville sait-il où M. Hauchecorne se trouve ? A votre avis, pourquoi veut-il lui parler ?*
(le maire de Goderville a été mis au courant de ce qui s'est passé par Malandain, aussitôt après l'annonce du crieur public. Malandain connaît certainement les habitudes de son ennemi et a indiqué au maire où Hauchecorne a l'habitude de manger)

5. *Que signifie la phrase : « il était tranquille, et pourtant quelque chose le gênait sans qu'il sût au juste ce que c'était. » (**29**,13 - 14) ?*
(Hauchecorne est tranquille : puisque le porte-monnaie a été rendu, on ne peut plus l'accuser. Cependant, il n'est pas tout à fait rassuré et a du mal à comprendre pourquoi.)

Phase 5 : analyse et interprétation

1. La construction

1. *Trouvez les différentes parties du récit et donnez-leur un titre* (voir « Structure », p. 50/51).

2. *Représentez la progression de la tension dramatique au cours du récit : dessinez une courbe en utilisant des points de repère pris dans le texte* (voir « Structure », p. 50/51).
3. *Maupassant décrit le cadre de sa nouvelle en faisant appel aux sens a) visuel, b) auditif et c) olfactif. Relevez et classez les détails, les descriptions qui se rapportent à ces trois sens.*

(a) sens visuel

① paysans :

- longues jambes < torses / déformées par les rudes travaux

accumulation des causes –> par pesée … charrue qui… < monter / dévier
accentue la déformation

par fauchage … blés … qui < écarter / pour prendre

par toutes les besognes < lentes / pénibles

- blouse bleue, empesée/brillante, comme vernie/ornée < col / poignets – gonflée

- tirent au bout … une vache, un veau.

② paysannes :

- marchent d'un pas < plus court, / plus vif …

- petit châle étriqué, épinglé …
  la tête enveloppée … surmontée …
- portent au bras … des poulets, des canards

– char qui passe … d'un bidet, deux hommes … et une femme.
– sur la place : foule/cohue – humains/bêtes –
  cornes/chapeaux à poils/coiffes.

b) sens auditif :

voix criardes, aiguës, glapissantes

clameur continue et sauvage dominée par < grand éclat … / long meuglement …

c) sens olfactif :
odeur commune dégagée par les humains et les animaux ; utilisation de cinq éléments : « sentait l'étable, le lait, le fumier, le foin, la sueur, dégageait cette saveur aigre, affreuse, humaine, bestiale, particulière... »)

4. *Caractérisez la construction des phrases.*
(– symétrie, équilibre quant à la composition des phrases ; emploi de deux adjectifs/noms/participes... contribue à l'équilibre, donne un rythme
– association étroite du monde animal et du monde humain pour évoquer le monde rural
– parallélisme dans la description des paysans et des paysannes : démarche, costume, occupation –> occupation, démarche, costume)

5. *Décrivez l'atmosphère de l'auberge de Jourdain en relevant les termes qui s'adressent aux sens visuel, olfactif, gustatif et auditif. Notez les moyens par lesquels l'auteur nous communique cette impression de foule, de joie.*
(• utilisation de trois éléments : trois broches –> poulets, pigeons, gigots

une délectable odeur –> s'envolait ... (visuel) / allumait ... (olfactif/auditif) / mouillait (gustatif)

maître Jourdain –> aubergiste / maquignon / un malin   chacun racontait –> ses affaires / ses achats / ses ventes

• accumulation de noms, d'adjectifs ... –> impression de foule
• choix des mots pour décrire la joie, le contentement :
immense cheminée, flamme claire, chaleur vive ; délectable odeur, allumait les gaietés, mouillait les bouches ; les plats se vidaient comme les brocs de cidre jaune ; chacun racontait, on prenait des nouvelles, le temps était bon ...)

6. *Maupassant oppose souvent un « on » à Hauchecorne. Relevez les « on » et montrez comment ce pronom impersonnel devient de plus en plus menaçant pour Hauchecorne.*
[l'importance du « on » devient de plus en plus grande, car ce « on » regroupe et cache de plus en plus de personnes qui ne croient pas Hauchecorne ; Hauchecorne contre « on » : un contre tous
on [**27**,11 ; **27**,19 - 20) : M. Malandain ; (**28**,8) : le maire, le brigadier ; (**28**,17) : des curieux ; (**28**, 21) : tous, ses connaissances ; **29**, 14 - 15 ; **30**,11) : les gens qui passent, au cabaret, à la sortie de l'église, des inconnus ; (**30**,19 ; 21) : tous les gens qui connaissent son histoire]

2. Les personnages

1. *Caractérisez le comportement de Hauchecorne lors de l'interrogatoire* (voir « Grille », p. 58).
2. *Faites, pour les séquences 4, 5, 6 et 7, une liste des expressions concernant la façon dont Hauchecorne se défend, une liste regroupant les réactions correspondantes des gens, et une liste des réactions de Hauchecorne à la fin des séquences citées.*
Inscrivez ces listes dans une grille (voir p. 58). *A l'aide de cette grille, décrivez l'évolution de l'état psychique et physique de Hauchecorne, son martyre.*
(Plus il raconte son histoire, plus il essaie de se défendre, moins on le croit, moins on l'écoute, plus sa déchéance psychique – du ridicule à la folie – et sa déchéance physique – de la maladie à la mort – augmentent)

3. *Faites le portrait de Hauchecorne tel qu'il est présenté dans la deuxième séquence et tel que vous le voyez à travers le récit.*

4. *Relevez les éléments descriptifs concernant Hauchecorne dans les séquences 3 et 4 et montrez comment Maupassant fait croître l'émotion de maître Hauchecorne.*

[Emploi de deux éléments : surpris – inquiet (**27**,4) ; interdit – apeuré (**27**,14) ; se rappela – comprit (**27**,22) ; rougissant de colère – furieux (**27**,22/30) ; leva la main – cracha de côté (**27**,30) ; suffoquait d'indignation et de peur (**28**,5) ; proteste – injurie Malandain (**28**,8/10) ; ne sachant que faire et contant toujours son histoire (**28**,23 - 24) –> « il en fut malade toute la nuit » (**28**,30)]

séquence	Hauchecorne	on/les gens	Hauchecorne
4	(**28**,8) « protester »	« on ne le crut pas »	« il en fut malade *toute la* nuit »
	(**28**,10) « on fouilla, sur sa demande… »	« on ne trouva rien … »	
	(**28**,16) « il se mit à raconter … »	« on ne le crut pas. On riait»	
	(**28**,18) « recommençant *sans fin* …»	« on lui disait : Vieux malin, va ! »	
	(**28**,24) « contant *toujours* … »	« de n'être pas cru »	
	(**28**,26) « et *tout le long* du chemin il parla … »		
	(**28**,28) « … afin de la dire *à tout le monde* »	« il ne rencontra que des incrédules »	
5	(**29**,5) « commença à narrer … dénouement »		« il triomphait »
	(**29**,10 - 12) « parlait de son aventure … dire »		« il était tranquille »
		« air de plaisanter … pas convaincu … propos derrière son dos »	« quelque chose le gênait »
6	(**29**,18) « *uniquement poussé* par le *besoin* … cas »	Malandain : se mit à rire ; fermier de Criquetot (**29**,21 - 23)	« interdit » « de plus en plus inquiet »
	(**29**,26) chez Jourdain « *se remit* à expliquer l'affaire »	maquignon (**29**,28 - **30**,4)	« suffoqué »
	(**30**,7) « voulut protester »	« toute la table … rire au milieu des moqueries »	« honteux, … atterré … soupçon » (**30**, 9 - 14)
7	(**30**, 15 - 19) « *recommença*, en allongeant *chaque jour* … *chaque fois* … protestations *plus* énergiques *plus* solennels … *l'esprit uniquement occupé* … ficelle »	« on le croyait d'autant moins … dos » « raisons de menteux »	« se rongeait les sangs … inutiles » «dépérissait à … œil »
	« *lui* faisaient conter … Ficelle » (**30**, 24)	« les plaisants pour s'amuser »	« *esprit atteint à fond* » « il s'alita » ; il mourut »

5. *Relevez les expressions concernant la réaction du maire et essayez de trouver des arguments la justifiant.*
[dilemme du maire : Malandain est connu, Hauchecorne vient d'un autre village. Hauchecorne ne sait pas se défendre : incapable d'adapter sa façon de parler à la situation ; Hauchecorne et Malandain s'injurient pendant une heure. Le maire a du mal à croire qu'un vieil homme aisé (puisqu'il mange chez Jourdain) et souffrant de rhumatismes ramasse un petit bout de ficelle –> le choix des mots pour décrire la ficelle est important : on minimise l'importance, « la valeur » de l'objet : un petit bout de ficelle (**24**,14) ; le morceau de corde mince (**24**,17) ; le petit bout de corde (**27**,25) ; ce fil (**27**,28)]

Phase 6 : travaux pratiques

1. *Faites le portrait du paysan normand d'après les descriptions que Maupassant nous donne dans cette nouvelle et d'après les réactions des gens envers Hauchecorne.*
(caractérisé par sa façon de parler : dialecte, sa façon de s'habiller : costume régional ; habitué aux durs travaux ; parle haut et fort ; aime les bons repas, boit du cidre ; économe, méfiant, réfléchit longtemps avant de se décider, ne laisse pas voir ses sentiments, rusé, malin)

2. *Montrez l'évolution des sentiments qu'éprouvent les gens à l'égard de Hauchecorne.*
(– après la perte du portefeuille : incrédulité, perplexité, curiosité, aucune indignation, une certaine compréhension pour sa « finauderie » : il passe pour un « malin », pas pour un voleur
– après la restitution du portefeuille : « propos derrière son dos », on se moque de lui, on l'accuse d'avoir eu un complice, on l'appelle « menteux : critique, légère hostilité ; cruauté : on accentue sa folie ; pas de pitié)

2. *Commentez le choix du titre de la nouvelle.*
(double sens du mot « ficelle » ; importance qu'un objet banal peut avoir sur la destinée de quelqu'un ; caractère symbolique de l'objet qui l'attache, le lie à son destin…)

Phase 7 : discussion

1. *Quelle aurait été votre réaction si vous vous étiez trouvé(e) dans la même situation que M. Hauchecorne ? Comment vous seriez-vous défendu(e) ?*
2. *A votre avis, Hauchecorne aurait-il pu agir autrement dans cette situation ? Proposez un modèle où il aurait pu se tirer d'affaire/ prouver son innocence.*
3. *Pensez-vous que la lutte de Hauchecorne contre la calomnie était vraiment inégale ? Que ce combat était dès le départ voué à l'échec ? Donnez vos arguments.*

Phase 8 : travaux complémentaires

1. *Le lendemain, un journal régional mentionne l'histoire de Hauchecorne. Rédigez l'article à la manière : a) d'un journal à sensation ; b) d'un court rapport.*
2. *Hauchecorne raconte son histoire à son petit-fils.*
3. *Ecrivez l'histoire de Hauchecorne dans la perspective d'un narrateur qui aurait une vision optimiste du monde.*

L'aventure de Walter Schnaffs

Résumé et commentaire

Pris un jour dans une embuscade à laquelle il échappe de justesse en se cachant, Walter Schnaffs, un soldat prussien, réfléchit sur son sort. Du fond de sa cachette, il décide tout d'abord de se rendre aux Français pour être fait prisonnier, espérant ainsi échapper à cette vie de soldat qui lui est insupportable, et retrouver un jour, sain et sauf, sa femme et ses enfants.

Mais la peur d'être « tué », « massacré » ou « fusillé » fait obstacle à cette résolution. Ce n'est qu'au bout de trois jours et deux nuits, après maintes réflexions et un long combat intérieur où la peur de mourir de faim l'emporte sur celle d'être tué, que notre « héros » va se décider à quitter sa cachette à la faveur de la nuit.

Après avoir causé la panique et provoqué la fuite des domestiques d'un château en raison de son uniforme, il pourra enfin calmer sa faim et sa soif en mangeant et buvant à loisir. Pendant son sommeil, une troupe de soldats français s'emparera du château et Walter Schnaffs sera fait prisonnier.

Cette « aventure », Maupassant nous la relate à la manière d'un récit épique marqué par une alternance de temps forts et de moments de calme. Le lecteur suit avec intérêt l'aventure du protagoniste, mais au lieu d'être le témoin d'actions héroïques, de gestes courageux, il n'assiste qu'à la description de la peur et de l'angoisse qui torturent notre « héros » jusqu'à la fin du récit.

Mieux que par une critique de la guerre et du militarisme, Maupassant réussit grâce à ce récit, où le comique, le grotesque et l'ironie tiennent une grande place, à détruire le mythe du héros, du soldat, sur deux plans :

– D'une part, il détruit l'image classique du soldat prussien, guerrier, belliqueux, en y opposant le personnage du anti-héros symbolisé par Walter Schnaffs.

– D'autre part, il détruit l'image du soldat français, courageux, glorieux, en proposant une image grotesque des soldats et de leur chef ; il se moque du patriotisme en présentant un chauvinisme aveugle et démesuré.

Structure

Cette nouvelle se compose de sept séquences que l'on peut regrouper en cinq parties : un prologue, le récit de l'aventure, composé lui-même de trois parties – introduction, développement et dénouement – et un épilogue (voir « diagramme », p. 63).

1. Le prologue : séquence 1 (**31**,1 - **32**,1)
Portrait physique et psychologique du protagoniste et description de sa situation pendant la guerre en France.

2. L'introduction : séquence 2 (**32**,2 - **33**,3)
Début de l'aventure : l'embuscade et la nouvelle situation de Walter Schnaffs.

3. Le développement : séquence 3 à 5 (**33**,4 - **37**,28)
Séquence 3 (**33**,4 - **35**,4) : la première nuit dans la cachette
Les réflexions de Walter Schnaffs et sa résolution : déserter et se rendre aux Français ; ses craintes, ses angoisses –> les trois « si » (**34**,5,10,15).
Séquence 4 (**35**, 5 - **36**, 12) : la deuxième et la troisième journée
Les hésitations et le conflit de Walter Schnaffs (combat entre la peur et la faim) ; les visions macabres provoquées par la peur de mourir de faim.
Séquence 5 (**36**,13 - **37**,28) : la troisième nuit, conquête du château
La peur de mourir de faim pousse Walter Schnaffs à quitter sa cachette ; il occupe un château sans combat et peut apaiser sa faim –> description « rabelaisienne » du repas de Walter Schnaffs.

4. Le dénouement : séquence 6 (**37**,29 - **39**,29)
La reprise du château par les soldats français : satire de l'armée ; le but recherché par Walter Schnaffs enfin atteint : il est fait prisonnier ; retour des soldats et du prisonnier à la sous-préfecture.

5. L'épilogue : séquence 7 (**39**,30 - 33)
Derniers commentaires ironiques de l'auteur.

Diagramme de la structure et courbe de la tension dramatique

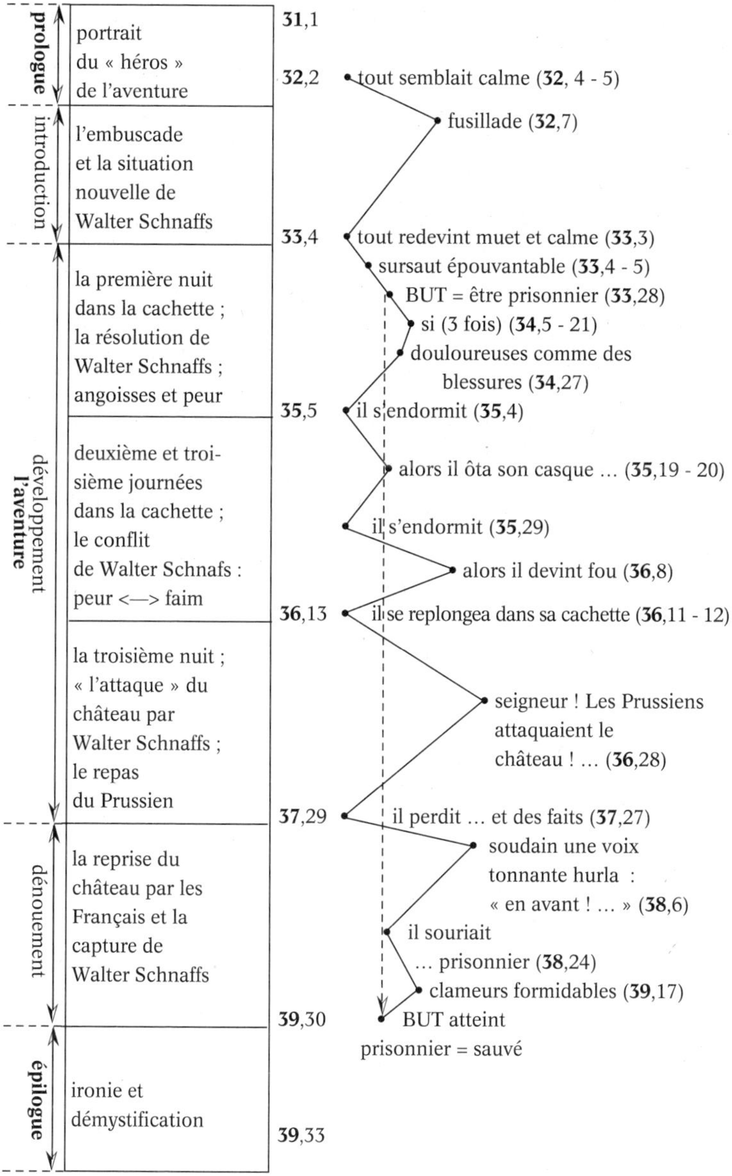

Suggestions pour l'exploitation pédagogique

Phase 1 : phase créative

Travail d'approche autour de la notion de « héros »

1. *Dites spontanément ce que vous entendez par « héros ».*
2. *Regardez la définition du mot « héros » dans plusieurs dictionnaires (français, anglais, allemands). Relevez les caractéristiques que ces dictionnaires nomment unanimement. Est-ce que vous retrouvez votre propre conception du « héros »?*

<u>Héros</u> (Petit Robert) :
a) Personnage légendaire auquel on prête *un courage* et *des exploits remarquables.*
b) Celui qui se distingue par *ses exploits* ou *un courage extraordinaire* (dans le domaine *des armes, à la guerre*).
c) *Personnage principal* (d'une œuvre littéraire, dramatique, d'un film)
<u>Hero</u> (Oxford Advanced Learner's Dictionary)
a) a person who is admired by many for her or his *noble qualities* or *courage*
b) the chief male character in a story, poem, play, etc.
<u>Held</u> (Brockhaus) :
a) Mensch, der sich durch *besondere Tapferkeit* auszeichnet/ein außergewöhnlicher Mensch, ausgezeichnet durch *kühne Taten.*
b) *Hauptperson* einer Dichtung usw.

Esquisse du portrait d'un soldat

1. *Esquissez le portrait d'un soldat ayant les qualités qui vous paraissent importantes. Ce soldat doit-il avoir un côté « héros »?*
2. *Esquissez le portrait de quelqu'un qui se sent mal à l'aise dans l'armée.*

Phase 2 : lecture (ou audition de la cassette) et compréhension

Vorschlag für eine Texterarbeitung in drei Schritten:

- *Erster Schritt:* Die Schülerinnen und Schüler bereiten die Sequenz 1 (**31**,1 - **32**,1) individuell im Unterricht vor, die Sequenz 2 (**32**,2 - **33**,3) wird von ihnen zu Hause bearbeitet, die Resultate werden im Unterricht vorgelesen, an der Tafel festgehalten und mit den Schülerinnen und Schülern analysiert -> Fragen und Antworten, S. 66.
- *Zweiter Schritt:* Die Schüler und Schülerinnen bereiten die Sequenzen 3 (**33**,4 - **35**,4), 4 (**35**,5 - **36**,12) und 5 (**36**,13 - **37**,28) vor; -> Fragen und Antworten, S. 67 - 70.

Man könnte hier mit “Textschnipseln” arbeiten: dazu zerschneidet man die drei Sequenzen und teilt sie als Schnipsel (auf der Rückseite durchnummeriert) in ungeordneter Reihenfolge aus. Nach der Lektüre eines jeden Schnipsels füllen die Schülerinnen und Schüler in Gruppenarbeit zuerst das folgende Fragenraster (grille modèle) Schritt für Schritt aus. Die Fragen sollten schnell beantwortet werden, damit die Motivation erhalten bleibt. Der Lehrer/Die Lehrerin sollte gegebenenfalls helfend eingreifen, insbesondere nach der Lektüre des ersten Schnipsels.
Anschließend sollen die Schülerinnen und Schüler die Schnipsel in eine sinnvolle Abfolge bringen und die Reihenfolge begründen (ohne auf die Rückseite zu schauen). Zur Kontrolle können die Schülerinnen und Schüler danach die Schnipsel umdrehen und anhand der Nummernfolge prüfen, ob sie den Text in die richtige Reihenfolge gebracht haben.

• *Dritter Schritt:* Es geht um die Vorbereitung der Sequenzen 6 (**37**,29 - **39**,29) und 7 (**39**,30 - **39**,33) -> Fragen und Antworten S. 70/71.

Grille modèle

après la lecture de l'extrait	**1**	**2**	
A. Quelles informations obtenez-vous ? Situation : personnages (psychologie – relations), actions (lieu – temps)			
B. Quelles questions vous posez-vous ?			
C. (A partie de l'extrait 2) Quelles réponses obtenez-vous à vos questions ?			
D. Quelles hypothèses formulez-vous ? (questions restées sans réponses ; suite de l'histoire ; causes/conséquences de la conduite des personnages)			

Première étape

Séquence 1 (**31**,1 - **32**,1)

1. *Relevez sous forme de grille les expressions se rapportant a) au physique, b) au caractère, c) aux pensées de Walter Schnaffs.*

a) physique	b) caractère	c) pensées
– gros – marchait avec peine – soufflait beaucoup – souffrait affreusement – des pieds – pieds fort plats et fort – gros – gros ventre – faiblesse dans les jambes – incapable de manœuvrer assez vivement – hérissait le poil sur sa peau	– pacifique – bienveillant – nullement magnanime ou sanguinaire – adore ses enfants, sa femme – aimait se lever tard, se coucher tôt, manger lentement de bonnes choses, boire de la bière – haine des armes – pleurait quelquefois	– pense longuement aux siens (se fait du souci pour leur avenir) – pense aux dangers semés sur sa route

2. *En vous servant de cette grille, faites le portrait de Walter Schnaffs.* (gros, n'aime pas l'effort, lent, jouisseur/aime jouir des plaisirs de la vie/sensuel/épicurien/hédoniste, peureux/lâche/il n'est pas courageux, sensible, mais il est aussi bon père et bon mari, soucieux du bien-être de sa famille)

3. *Comparez le portrait de Walter Schnaffs à celui que vous avez esquissé à la phase 1 (p. 64) ;*
oder (bei Nichtdurchnahme der Phase 1):
Esquissez le portrait d'un soldat ayant, selon vous, les qualités souhaitables. (Utilisez un dictionnaire bilingue ; employez le conditionnel.)
(il devrait avoir les qualités suivantes : ...)
Comparez le portrait obtenu à celui de Walter Schnaffs.
(Die Antwortlemente sollen auf eine Folie übertragen werden; die Schülerinnen und Schüler werden feststellen, dass Walter Schnaffs das Gegenteil eines Soldaten bzw. Helden ist : er ist vielmehr ein Anti-Held.)

<u>Séquence 2</u> (**32**,2 - **33**,3)
1. *Relevez les expressions se rapportant aux réactions, à l'attitude de Walter Schnaffs et décrivez le personnage à travers son comportement.*
[d'abord immobile, surpris, éperdu, ne fuit pas ; puis désir fou de détaler, saute dans un large fossé ; se traîne avec précaution, s'éloigne du lieu du combat ; s'arrête, se tient tapi ;
suite logique du portrait de la séquence 1 : Walter Schnaffs est lâche/il a peur de se battre, il n'essaie pas de se défendre ; il est lent à réagir, paralysé par la peur ; il voudrait fuir, mais ne le peut pas à cause de son physique ; il se cache dans un fossé sous l'effet de la panique ; il est rusé (**32**,22 - 25)]

2. *Que feriez-vous à la place de Walter Schnaffs dans une situation semblable ?*
(Solutions individuelles. Exemples : combattre, ne pas s'enfuir ; se cacher dans un moment de peur, puis par la suite aider des camarades blessés, aller chercher du secours, rejoindre son armée ; agir comme Walter Schnaffs)

3. *Imaginez la suite de l'histoire de Walter Schnaffs.*
Der Text soll aus zwei Teilen bestehen: a) les réflexions préliminaires du Prussien, b) Walter Schnaffs à la recherche de qc à manger. Die Ergebnisse sollen in der Klasse korrigiert und an der Tafel festgehalten werden. Jeder Schüler/jede Schülerin soll einen Vorschlag machen und sich möglichst kurz fassen.
Um den Schülern und Schülerinnen für den Anfang Ihrer Texte eine Hilfe zu geben, kann man auf die Passage **34**,5 - 9 der folgenden Sequenz zurückgreifen: Man läßt diese Passage übersetzen und lenkt die Aufmerksamkeit der Schüler und Schülerinnen auf den Gebrauch des Konditionals.
Unterrichtsgespräch; die Beispiele werden an der Tafel notiert:
– S'il rencontrait des soldats ennemis ?
– Les soldats le ... (conditionnel)

Deuxième étape

<u>Séquence 3</u> (**33**,4 - **35**,4)
1. *Mettez en relief, en les soulignant de couleurs différentes : a) les actions, b) les pensées, les visions de Walter Schnaffs.*
[a) *les actions :* il se leva ... immobile (**33**, 29 - 30) ; il se rassit, désespéré (**34**,22) ; il ne bougeait plus, tressaillant ... Schnaffs (**34**,23 - 26) ; il s'endormit (**35**,4)

b) *les pensées :* qu'allait-il faire ? … prisonnier (**33**,9 - 28)
les visions : et des images affreuses … chair (**34**,1 - 21)]

2. *Faites un résumé : a) des faits, b) des réflexions de Walter Schnaffs.*

3. *Dégagez la composition de cette séquence en distinguant deux parties auxquelles vous donnerez un titre approprié.*
[*1ère partie* (**33**,4 - 28) : réflexions de Walter Schnaffs, son problème et la solution de celui-ci ;
2e partie (**33**,29 - **35**,4) : les hésitations de Walter Schnaffs causées par ses pensées, ses visions, ses angoisses]

4. *Dégagez le problème central de cette séquence et la solution trouvée par le Prussien.*
[problème : se nourrir (répétition de manger : 3 fois)
solution : être prisonnier –> « sauvé, nourri … » (répétition du mot « prisonnier »: 6 fois)]

5. *Relevez sous forme de grille : a) les termes décrivant la peur de Walter Schnaffs, b) les raisons de sa peur.*

peur		**raisons**
(**33**,4) sursaut épouvantable	◄——	quelque chose remua …
(**33**,6 - 7) pendant près d'une heure, le cœur … à coups pressés	◄——	c'était un petit oiseau …
(**33**,20 - 21) des frissons lui couraient sur la peau	◄——	… tout seul … défendre (**33**, 19 - 20)
(**34**,24) tressaillant	◄——	tous les bruits inconnus et légers … ténèbres
(**34**,25 - 26) faillit faire s'enfuir	◄——	un lapin tapant du cul
(**34**,26 - 27) lui déchiraient l'âme, le traversant de peurs soudaines, douloureuses comme des blessures	◄——	des cris de chouettes

<u>Séquence 4</u> (**35**,5 - **36**,12)
1. *Relevez les termes se rapportant : a) à l'état physique provoqué par la faim, b) à l'état psychique, c) aux actions de Walter Schnaffs.*
[a) faim aiguë (**35**,7 - 8) ; bouche humide à la pensée du saucisson (35, 9) ; son estomac lui faisait mal (**35**,10) ; jambes faibles (**35**,11) ; souffrant

affreusement (**35**,25) ; plaintes sourdes de ses entrailles (**35**,26 - 27) ; sommeil fiévreux (**35**,29) ; affamé (**35**,30) ;
b) pendant deux ou trois heures encore, il établit le pour et le contre, changeant à tout moment de résolution, ... tiraillé par les raisons les plus contraires (**35**,12 - 14) ; une peur nouvelle entrait dans l'esprit ... la peur de mourir de faim ! Il se voyait ... il devint fou ... marcher (**36**, 1 - 9) ;
c) 2e jour : il se réveilla (**35**,5) ; se leva, fit quelques pas (**35**,11) ; se rassit (**35**,12) ; ôta son casque ; sortit sa tête ... avec des précautions infinies (**35**,19 - 20) ; il attendit jusqu'au soir (**35**, 25) ; il s'allongea et il s'endormit (**35**,29) ; 3e jour : il se remit en observation (**35**,31) ; il se replongea dans sa cachette (**36**,11 - 12)]

2. *Faites un résumé de la situation de Schnaffs dans cette séquence.*
(Eléments : Le Prussien est caractérisé par sa lenteur dans ses décisions: « il établit ... pendant deux ou trois heures» (**35**,12 - 13) ; il réfléchit longuement, prend une décision après s'être imaginé une situation facile, mais il ne peut agir, toujours retenu par la peur ; ses gestes soulignent son indécision ; la peur de mourir de faim provoque des visions macabres, un état de panique, lui donne même le courage de quitter sa cachette ; mais la peur d'être tué est la plus forte quand il aperçoit trois paysans et il se cache à nouveau.)

<u>Séquence 5</u> (**36**,13 - **37**,28)
1. *Relevez les termes se rapportant aux réactions provoquées par la faim.*
(une odeur qui pénétra brusquement ... fond du ventre ... le crispa, le fit haleter, l'attirant irrésistiblement, lui jetant au cœur une audace désespérée (**36**,18 - 21) ... sa faim exaspérée le faisait trembler comme un fiévreux (**37**,5 - 6))

2. *Relevez les éléments décrivant l'attitude de Walter Schnaffs jusqu'au début du repas.*
(sortit lentement du fossé ... courbé, craintif, le cœur battant (**36**,13 - 14) ; il apparut casqué ... (**36**,22) ; stupéfait, toujours debout dans sa fenêtre (**37**,2 - 3) ; après quelques instants d'hésitation, il s'avança vers les assiettes ... mais une terreur le retenait, le paralysait encore (**37**, 4 - 6) ; il écouta (**37**,6) ; inquiet, tendait l'oreille (**37**, 8 - 9) ... Walter Schnaffs s'assit et se mit à manger (**37**,14 - 15))

3. *Faites une liste des verbes et des comparaisons utilisés pour la description du repas de Walter Schnaffs. Que remarquez-vous ?*
(*verbes :* manger par grandes bouchées ; engloutir ; jeter à deux mains ; descendre coup sur coup ; gonfler ... en passant ; s'interrompre, prêt à crever ; se déblayer ; laver ; vider (**37**,15 - 22) –> rapidité, grande quantité ;
comparaisons : comme une trappe ; à la façon d'un tuyau trop plein ; comme on lave un conduit bouché (**37**,17 - 21) –> comparaison avec des objets)

Troisième étape

Séquences 6 et 7 (**37**,29 - **39**,29/**39**,30 - 33)
1. *Opposez l'attitude des soldats à celle de Walter Schnaffs* (**38**,10 - 24), *et faites part de vos remarques.*

soldats (actifs)	**Walter Schnaffs (passif)**
cinquante soldats armé jusqu'aux cheveux, bondirent ...	où reposait pacifiquement Walter Schnaffs
... lui posant sur la poitrine cinquante fusils chargés, le culbutèrent, le roulèrent, le saisirent, le lièrent ... tête	il haletait d'ahurissement, trop abruti pour ..., battu, crossé et fou de peur
un gros militaire ... le pied sur le ventre, vociférant	il n'entendit que ... il gémit
soufflaient ... ← plusieurs s'assirent, n'en pouvant plus d'émotion et de fatigue	il fut relevé, ficelé sur une chaise et examiné par ses vainqueurs qui il souriait, lui, ... sûr d'être prisonnier
contraste; inégalité; disproportion; rapidité des actions	

2. *Relevez les éléments descriptifs concernant le colonel et faites un portrait de ce personnage.*
[*physique :* gros ; uniforme voyant (chamarré d'or) ; s'essuie le front ; voix tonnante ; hurla ; vociféra (**38**,6 - 28)
attitudes : planta son pied sur le ventre (**38**,16 - 17) ; écrivit sur un agenda (**38**,29) ; exagère les faits rapportés par l'officier ; donne des ordres qui ne sont pas en rapport avec la situation ; profession (**39**, 32) : ce n'est pas un militaire de carrière]

3. *Soulignez les termes décrivant les réactions des habitants de La Roche-Oysel* (**39**,16 - 19).

Phase 3: analyse et interprétation

1. *Dites pourquoi Walter Schnaffs se considère comme « le plus malheureux des hommes »* (**31**,2).
(depuis qu'il est dans l'armée, il vit « dans la terreur et dans l'angoisse » ; à cause de son physique et de son caractère, il ne peut pas s'adapter à cette vie –> le portrait de Walter Schnaffs, p. 66)

2. *En vous servant de points de repère pris dans le texte (séquence 2 à 6), essayez de représenter par une courbe la progression de la tension dramatique (alternance de temps forts et de temps calmes).*
(voir « Courbe », p. 63)

3. *Dans les passages* **34**,3 - 4/**35**,19 - 20/**36**,22 - 23/**39**,16 - 17, *il est question du casque de Walter Schnaffs. Analysez la fonction de cet objet dans chacun de ces passages.*
(a) le casque montre qu'il est Prussien ; cet objet va le perdre, être la cause de sa mort, car il est seul sur le territoire ennemi ;
b) le casque peut le dénoncer, révéler l'endroit où il se cache ;
c) le casque le sauve ; il lui permet de faire peur à d'autres personnes et de se procurer de la nourriture ;
d) les craintes de Walter Schnaffs sont justifiées ; le casque provoque de violentes réactions de la part de la population, mais, en définitive, ce n'est pas la panique, car Walter Schnaffs est prisonnier ; de plus, comme il est bien gardé, sa vie n'est pas en danger.)

4. *En vous servant des séquences 3, 4 et 5, montrez la progression et la « victoire » de la faim sur la peur.* (voir tableau à la page suivante)

	faim	peur
séq. 3	but recherché : manger; ré- pétition (3 fois) du mot « manger » prisonnier : il serait nourri	longues descriptions des états de peur (abondance des mots) réflexions fâcheuses, terreurs nouvelles, images affreuses, images de mort dangers terribles : escalade, augmen- tation de l'intensité du danger exprimée par les 3 « si » (**34**,5 - 21) peurs soudaines, douloureuses
séq. 4	description plus longue de son état provoqué par la faim (–> p. 64, 1a)	<— peur nouvelle peur de mourir de faim
séq. 5	passage : **36**,18 - 21 la faim lui donne une « audace désespérée » « sa faim exaspérée —> fié- vreux »	– courbé, craintif, cœur battant – une terreur le retenait, le paralysait – inquiet (diminution de l'état de peur)
	but atteint : « s'assit et se mit à manger »	

5. *Caractérisez l'imagination de Walter Schnaffs en vous servant des passages relatifs à ses états d'âme, ses pensées, ses visions (séquences 3 à 5).* (imagination fertile, pas rationnelle, impulsive; idées soudaines ; tendance à l'exagération : visions macabres dues à la peur)

6. *Analysez les phrases du point de vue stylistique.*
[ce qui est typique : a) *une construction ternaire (composée de trois éléments)*

exemples : (**31**,7) tendresses/petits soins/baisers
(**32**,11 - 12) immobile/surpris/éperdu
(**33**,1 - 2) détonations/cris/plaintes
(**33**,19) tout seul/en armes/en uniforme
(**34**,1) trois questions : Où ...?/Comment ...?/De quel...?
(**34**,5 - 21) trois « si »
(**35**,3 - 4) ses membres .../son cœur .../ses yeux ...
(**35**,13 - 14) combattu/malheureux/tiraillé
(**35**,16) villageois seul/sans armes/et sans outils ...
(**36**,2 - 3) il se voyait étendu .../sur le dos/les yeux ...

(**36**,14) courbé/craintif/le cœur battant
(**37**,22) toutes les assiettes/tous les plats/toutes les ...
(**38**,21) il fut relevé/ficelé/examiné
(**39**,17 - 19) les femmes/des vieilles/un aïeul]

b) *un rythme dû à la symétrie de construction*
– soit par l'emploi de mots de coordination (entre deux éléments : forts plats et fort gras ; pacifique et bienveillant ; nullement magnanime *ou* sanguinaire ; père de ... qu'il ... *et* marié avec ... dont ... ; se lever tard *et* se coucher tôt ; manger ... *et* boire ... ; dans la terreur *et* dans l'angoisse (séquence 1)
– soit par l'emploi de mêmes mots commençant une phrase : (**35**, 21/23) là-bas, à droite/là-bas à gauche ; (**33**,4/**33**,22) soudain/soudain ; (**37**,9/12) puis/puis ; (**38**,8/10) en un instant/en un instant ;
– la répétition de certains mots clés : (**33**,16/18) manger ; (**33**,22/28) prisonnier ; (**35**,9 - 10) saucisson ; (**35**,29 - 30) sommeil ; (**36**,4) bêtes ; (**36**,29 - 30) cri(s) ; (**39**,26 - 27) danser ;
– les nombreuses comparaisons (avec « comme, à la façon de, en comparaison de »)]

7. *Montrez par quels procédés Maupassant ridiculise le « héros » de cette aventure.*
(Walter Schnaffs est ridiculisé à deux niveaux :
– dans la description de son physique : comparaisons avec des animaux –> il court comme une tortue ; tapi comme un lièvre ; comme un chien errant ; choix de verbes pour décrire sa façon de manger ;
– dans la description de la peur : choix des situations, disproportion entre la peur et les causes de celle-ci ; choix et nombre de mots pour caractériser la peur –> exagération voulue : terreur/angoisse/épouvantes/peurs soudaines/peur nouvelle/fou de peur)

8. *Cherchez les procédés que Maupassant utilise pour éveiller et retenir l'attention du lecteur.*

[– création d'un suspense par la description du paysage, de l'atmosphère : lune, vaguement, ombres glissaient nombreuses et muettes, heure froide, reluire dans l'ombre une pointe d'acier –> le lecteur se demande de quelle pointe il s'agit : casque prussien ? baïonnette française ? (**37**,29 - **38**,3) ; la colonne se reforma dans l'ombre ... des reconnaissances ... on avançait avec prudence ... de temps en temps (**39**,9 - 13)

– utilisation d'adverbes comme « soudain », « brusquement » pour indiquer un changement, introduire une nouvelle action –> fusillade (**32**,7 - 9) ; quelque chose bouge (**33**,4) ; une odeur pénétra (**36**,18) ; il se montre (**36**,22) ; l'attaque (**38**,6)
– utilisation différente d'un même adverbe –> provoque un changement de rythme : soudain (**33**,22), idée subite de Walter Schnaffs ; immédiatement (**33**,27), sans tarder d'une minute (**33**,29), indiquent la rapidité de la résolution ; soudain (**33**,30), freine la résolution introduite par le 1er soudain ; soudain (**35**,4), changement –> Walter Schnaffs s'endort]

9. *A l'aide des portraits du soldat prussien et du soldat français, montrez comment Maupassant démystifie l'image conventionnelle du soldat, du héros.*
[Maupassant utilise pour sa démystification :
– des éléments caricaturaux –> le repas de Walter Schnaffs, les attitudes du Prussien (saut dans le fossé, façon de se cacher) : la description du colonel ;
– des exagérations, disproportions –> peur et raisons de la peur de Walter Schnaffs ; nombre des soldats (un flot d'hommes, soldats armés, six guerriers, 200 hommes en armes) ; exagération de la description de la situation, tout d'abord par l'officier (**38**,26 - 27), puis par le colonel (**38**,30 - **39**,2)
– comique à plusieurs niveaux –> comique dû au contraste des images le gros Prussien, les Français maigres comme des chèvres : **32**,13 - 15 ; contraste Walter Schnaffs – soldats français dans la séquence 6) ; comique dû au contraste de situation (angoisse, peur de Walter Schnaffs opposées au calme du paysage; Schnaffs craintif et, seul, fait peur à un groupe de domestiques et provoque leur fuite)
– ironie –> on décore le colonel Ratier pour son exploit (séquence 7)]

Phase 4 : Travaux complémentaires

1. *Cherchez des exemples de style indirect libre dans le texte et expliquez ce phénomène. Utilisez ce procédé dans un récit imaginaire où vous décrirez une situation difficile où vous vous êtes trouvé(e). Faites part des pensées, des réflexions que vous avez eues alors.*

2. *En vous référant aux nouvelles de Maupassant que vous connaissez, trouvez ce qui est typique chez cet auteur et rédigez une anecdote ayant les mêmes particularités.*

(thèmes : description d'êtres solitaires qui mènent une existence difficile – combat d'un contre tous – rôle du hasard comme force motrice – importance de certains objets ;
procédés stylistiques : nombreuses comparaisons – emploi d'adverbes – choix des verbes – construction des phrases : équilibre, rythme)

3. *Racontez « une aventure comique », vécue ou inventée, où, comme Walter Schnaffs, vous n'avez pas fait preuve de courage.*
(par exemple : peur la nuit, seul(e) dans une maison que vous connaissez mal ; bruits bizarres ; alerter la police ; pas de voleurs, mais un chat qui s'était introduit dans la maison)

4. *Comparez Walter Schnaffs au « Déserteur » de Boris Vian en relevant, sous forme de grille, ce qu'ils ont en commun et ce qui les différencie.*

points communs	**différences**	
	Walter Schnaffs	Le Déserteur (Boris Vian)
– déserteur	parce qu'il a peur des armes, de la guerre ; il ne veut pas être tué	non pas par peur, mais après avoir réfléchi ; il ne veut pas tuer : courageux dans sa décision
– pacifique	aime sa petite vie agréable et tranquille	par conviction : il dit ce qu'il pense, encourage les autres à ne pas aller à la guerre
– horreur des armes/de la guerre	ne sait pas s'en servir comme il faut, ne peut se défendre	sait se servir d'une arme, mais ne veut pas tirer : il préfère être tué
– souffrances	physiques et morales (se sent mal dans l'armée, séparation de sa famille)	deuil et souffrances de sa famille ; vie sentimentale brisée
– prisonnier	= être à l'abri des balles, avoir à manger	= souffrances, vie brisée

La folle

Résumé et commentaire

La nouvelle *La folle* est extraite du recueil *Les contes de la bécasse.* Les récits que l'on y trouve ne concernent pas tous la chasse. Au contraire, ce sont des récits très variés quant aux thèmes abordés. Ils traitent d'aventures amoureuses, de la brutalité dans le comportement des populations rurales et aussi de la cruauté de la guerre. Or, les premières lignes de *La folle* se réfèrent justement, comme récit encadrant, à une situation de guerre. Lors d'une soirée entre amis, Mathieu d'Endolin, lui-même ancien chasseur, raconte un épisode de la guerre franco-allemande. Mobilisé à l'âge de 20 ans, Maupassant avait dû servir dans l'armée française pendant la première partie du conflit. L'intrigue de la nouvelle se situe au cours de l'année 1870 alors que le conflit est entré dans sa phase décisive. Les Prussiens ont envahi la France. Le narrateur, qui s'exprime à la première personne, parle de sa voisine atteinte d'une maladie mentale et clouée sur son lit depuis quinze ans. Des soldats allemands logent dans sa maison. Leur commandant a bientôt l'impression que la malade veut, par antipathie envers les Prussiens, éviter tout contact avec l'occupant ; c'est pour cette simple raison, pense-t-il, qu'elle reste dans sa chambre.
L'officier exprime le désir qu'elle quitte sa chambre du premier étage et descende au rez-de-chaussée pour tenir compagnie aux soldats. Il lui adresse un ultimatum. Comme la malade refuse obstinément d'obéir, il commande à ses hommes de l'emporter dehors, avec toute sa literie bien qu'il fasse très froid.
A l'automne suivant, alors qu'il chasse la bécasse, le narrateur découvre un crâne humain et se dit convaincu qu'il s'agit du squelette de la voisine disparue.

Dans la présente édition, cette histoire succède immédiatement à *L'aventure de Walter Schnaffs.* Les deux récits reposent en effet sur un thème semblable. Il faudrait toutefois les considérer comme une approche très différente du militarisme, de la guerre et de la cruauté. Dans *L'aventure de Walter Schnaffs,* Maupassant souligne le côté ridicule de toute opération militaire et confère à son récit les formes de la caricature. Par contre, dans *La folle*, il insiste fortement sur la cruauté absurde de la guerre. Si le lecteur pouvait encore parfois sou-

rire en lisant *Walter Schnaffs*, il n'est plus question de rire à la lecture de *La folle*. Il faudrait que cet aspect soit exploité en terminant l'étude de la nouvelle.
On pourrait avoir l'impression que *La folle* exprime une certaine germanophobie. Cette idée devra également être abordée au terme de l'étude en classe.

Structure

Comme on l'a déjà fait observer, ce conte a la structure d'un récit encadré. Les quatre premières lignes constituent le début du récit encadrant et les deux dernières la fin de celui-ci.

Séquence 1 : Le triste destin de la femme (**40**,8 - **41**,1)
La première séquence informe le lecteur sur les causes de la maladie dont souffre cette femme, décrit les symptômes externes, mais ne révèle pas les syndromes de la maladie psychique.

Séquence 2 : Le conflit se dessine (**41**,2 - 31)
La seconde séquence aborde brièvement l'arrière-plan historique. La description des troupes allemandes est quelque peu caricaturale. Le conflit s'annonce : l'officier logé dans la maison de la malade considère que le comportement de cette femme est un affront ; il l'interprète comme un signe de mépris et de haine. Il lui lance un ultimatum assorti d'une menace implicite. Le suspense pour le lecteur s'intensifie car il est très clair qu'après avoir été alitée pendant 15 ans cette personne sera tout simplement incapable de se lever. On se demande donc comment le militaire va pouvoir la contraindre à respecter l'ultimatum.

Séquence 3 : Une mauvaise solution (**42**,1 - 27)
L'officier résout le problème « à la hussarde ». On emporte la malade dehors, avec sa literie. Qu'advient-il ensuite de cette femme ? Le lecteur n'en sait encore rien ; il attend des éclaircissements.

Séquence 4 : La vérité (**42**,28 - fin)
A l'automne suivant, le narrateur découvre un crâne humain. Il est alors convaincu qu'il a trouvé un reste du squelette de la malade. Bien que cela ne soit pas une preuve absolue – et le narrateur en convient – le lecteur reconnaît le bien-fondé de cette hypothèse.

Structure du conte

récit-cadre	**40**,8 - 11	Le repas chez le baron	ouverture, introduction
récit enchâssé	**40**,12 - **42**,19	*La disparition de la femme :*	
	40,12 - **41**,1	a) sa maladie	
	41,2 - 11	b) l'arrivée des Allemands	
	41,12 - 32	c) l'officier se fâche	
	42,1 - 24	d) la démarche de l'officier	
	42,25 - **43**,5	*La réaction du narrateur :*	
	42,25 - **43**,4	a) hantise / doute / inquiétude	
	43,4 - 5	b) souci apaisé	
	43,6 - 21	*La découverte du narrateur :* une tête de mort dans la forêt	
récit-cadre	**43**,22 - 23	Le repas chez le baron	conclusion : appel antimilitariste

Courbe de la tension dramatique

une rétrospective : le triste sort de la femme	début de l'action : un conflit se dessine	stagnation de l'action : entre l'incertitude et l'espoir	le dénouement : la vérité
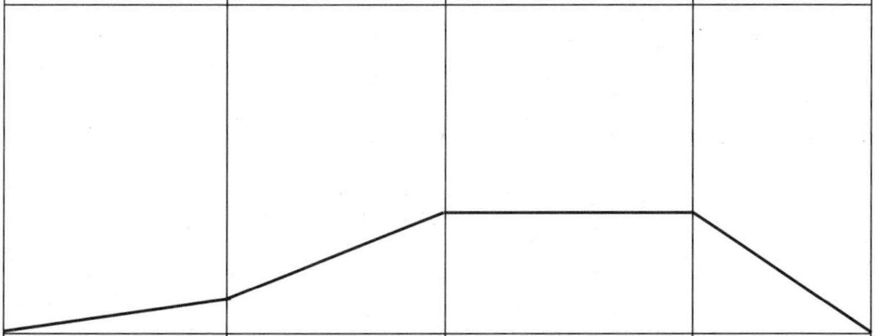			
un certain intérêt psychologique Que va-t-il arriver à cette folle ?	une très nette hausse de la tension : Que va faire l'officier allemand ?	tension seulement en légère hausse, incertitude, un certain espoir Qu'est-elle vraiment devenue ?	la tension baisse La quasi-certitude que la femme est morte.
séquence 1 (**40**,8 - 41,1)	séquence 2 (**41**,2 - 31)	séquence 3 (**42**,1 - 27)	séquence 4 (**42**,28 - fin)

Suggestions pour l'exploitation pédagogique

Die Geschichte *La folle* ist kurz, in der Handlung linear und in der Charakterisierung fast holzschnittartig. Die meisterhaften Beschreibungen, wie man sie aus anderen Novellen Maupassants kennt, gibt es hier nicht. Äußerst knapp werden sowohl das ganze Umfeld, wie auch die Personen skizziert.
Sie kann den Schülerinnen und Schülern über eine Woche hinweg zur häuslichen Vorbereitung aufgegeben werden, wobei Leitfragen diese Lektüre steuern.

Phase 1 : phase créative

Vor dem Beginn der Lektüre sollte eine kurze Einstimmungsphase stattfinden, *un travail d'approche*. Es wird Gruppenarbeit zu folgenden zwei Themen vorgeschlagen, wobei in der zweiten Gruppe wiederum zwei Untergruppen gebildet werden sollen.

G1: *La situation dans une ville occupée.*
G2, G3, G4: *L'arrière-plan historique de la guerre franco-allemande.*

1. In G1 sollen sich die Schülerinnen und Schüler, die nie am eigenen Leibe verspürt haben, welche Probleme sich bei einer Besetzung durch fremdes Militär ergeben, die Situation in einem besetzten Ort vorstellen, um später mehr Verständnis für die Gesamtsituation aufzubringen. Hier können auch Erfahrungen aus der Behandlung mit oder sogar Textstellen aus *L'aventure de Walter Schnaffs* eingebracht werden, falls der Text vorher durchgenommen wurde. Dabei ist es wichtig, daß sie nicht nur an die Befindlichkeit der Bewohner denken, sondern auch an die der Besatzer. Dabei geht es hier sowohl um praktische Probleme, wie auch um psychische.
Die Ergebnisse werden stichpunktartig notiert und in der Integrationsphase im Plenum vorgetragen.

Imaginez-vous une ville/un village occupé(e) par une armée ennemie. Quelles peuvent être les conséquences pour la population et pour les occupants ?

Die Schülerinnen und Schüler könnten bei der Bearbeitung dieser Aufgabe auch mit Beispielen aus der jüngsten Geschichte arbeiten.

(Eléments de réponse : *du côté de la population :* il faut les héberger (voir p. ex. Vercors, *Le silence de la mer*) et nourrir, ils confisquent des maisons et mettent les habitants à la rue ; les élus politiques (maire, conseil municipal) sont déstitués ; souvent pillage, violence, viol, la haine de l'occupant, l'humiliation du vaincu ;
du côté de l'occupant : ils sont dans un pays dont ils ne connaissent souvent pas la langue : problèmes de communication, se méfient de la population, se sentent refusés, frustration.

2. In die drei anderen Gruppen, die das zweite Thema bearbeiten sollen, wird man historisch interessierte Schülerinnen und Schüler einteilen. Ihre Aufgabe besteht darin, einen Aufriss der geschichtlichen

Gegebenheiten jener 2 Jahre (1870/71) zu erstellen. Sie können diese Aufgabe z. B. mittels der in (Schul)Büchereien vorhandenen Werke vornehmen.
Ein sehr gute, konzise und informative Darstellung befindet sich im *Quid* unter der Rubrik *Histoire de France* (Dominque et Michèle Frémy, *Quid,* Editions Robert Laffont; das Buch erscheint jährlich neu bearbeitet und ist über den Ernst Klett Verlag zu beziehen). Auf Seite 85 des Schülerbuches (Klettnummer 59734) ist ein Text des französischen Historikers Jacques Bainville abgedruckt, der sich intensiv mit der Vorgeschichte dieses Krieges beschäftigt. An beiden Quellen orientiert sich auch im Großen und Ganzen der folgende Erwartungshorizont. Weitere empfehlenswerte Nachschlagewerke: Jean Mathieu, *Histoire de France,* collection outils, Hachette; Gérard Labrune, Philippe Toutain, *L'histoire de France,* Nathan, Klettnummer 592538 (enthält eine informative Darstellung der Belagerung von Paris).
Es empfiehlt sich, die Gruppenarbeit auf der Basis des *Quid* und des Auszugs aus Jacques Bainville zu organisieren und mit einigen Leitfragen zu steuern, da die zu verarbeitenden Informationen sehr zahlreich, dicht und äußerst präzise sind. Die Gruppen sollte sich deshalb auf die folgenden Fragen konzentrieren: Die Gruppen G2 und G3 erhalten die gleichen Leitfragen; G2 erarbeitet sie auf der Basis des *Quid*, G3 legt ihrer Arbeit den Auszug von Jacques Bainville zugrunde. Die hieraus resultierende Synthese geht in den Erwartungshorizont ein. G4 arbeitet mit dem *Quid*.

G 2/G3:
1. *Qui poussait à la guerre dans les deux pays ?*
2. *Qui a déclaré la guerre et quel rôle Bismarck a-t-il joué ?*

G4:
3. *Les étapes de l'invasion allemande.*
4. *La conclusion de cette guerre et les conséquences pour la France.*

In dieser Integrationsphase sollten folgende Punkte berührt werden:
1. • Bismarck voulait absolument cette guerre pour unir l'Allemagne sous la direction de la Prusse.
   • En France, l'Impératrice Eugénie pensait que par cette guerre elle pourrait assurer à son fils (4 ans) la successsion au trône.
   • Les partisans de la République italienne qui voulaient réduire la présence des troupes françaises en Italie.

- L'opinion publique : « Emile Ollivier, porté par l'opinion publique, déclare la guerre » (*Quid*). « La dépêche d'Ems produisit l'effet qu'avait calculé Bismarck. A Paris, la foule réclamait la guerre. On criait: 'A Berlin'. » (Jacques Bainville, *Histoire de France*)

En un mot : « ... la France et l'Allemagne marchaient l'une contre l'autre comme deux locomotives lancées sur le même rail. » (Prévost -Paradol, cité dans le texte de Jacques Bainville)

2. Pour provoquer la France, Bismarck, dans la « dépêche d'Ems » (un communiqué officiel), avait formulé plus sèchement une déclaration que le roi de Prusse avait adressée à l'ambassadeur de France. Bismarck voulait que la France considère cette déclaration comme une insulte. Sous la pression du public, le ministre des affaires étrangères déclara la guerre à l'Allemagne.
Cette déclaration, Bismarck l'acceptait aussi, car il avait enfin sa guerre. Elle lui fut déclarée, comme il le souhaitait.

3. Les Allemands envahissent la France, gagnent de nombreuses batailles. Napoléon III est fait prisonnier de guerre et interné en Allemagne. A partir de septembre 1870, les Allemands assiègent Paris. En mars 1971, l'Allemagne et la France préparent un traité de paix.

4. 23.1.1871 : L'armistice de Versailles met définitivement fin à la guerre. Dans le Traité de Francfort (10.5.1871), la France perd la Lorraine et l'Alsace. Elle doit payer cinq milliards de francs en or.

Phase 2 : lecture et compréhension

Sie dauert höchstens zwei bis drei Unterrichtsstunden. Die Vorbereitung durch die als Hausaufgabe zu stellenden Leitfragen erleichtert das Unterrichtsgespräch.
Damit diese Themen zügig im Unterricht behandelt werden können, sollten bereits bei der häuslichen Vorbereitung schwerpunktartige Leitfragen vergeben werden. Man kann die Klasse in drei Gruppen einteilen, von denen sich jede auf eines dieser Teilgebiete konzentriert.
Hier sei bereits angemerkt, dass man die Schülerinnen und Schüler darauf hinweisen sollte, dass Maupassant nie von *deutschen* Soldaten spricht, sondern immer nur von *Preußen*. Der Mann, der hier Schuld auf sich lädt, wird bei einem ersten Auftauchen einfach als *commandant* (**41**,11) bezeichnet, was bedeuten könnte, dass er den unteren

Rängen angehört, aber öfters weist ihn Maupassant als Offizier aus (**41**,13; **42**,14). Dem entspricht auch die Tatsache, dass er Französisch spricht. Wenngleich seine Aussprache ein deutlich deutsches Substrat aufweist, so sind die Strukturen (Futurbildung, Verwendung des subjonctif) erstaunlich sicher und fehlerfrei.

Arbeitsaufträge:

1. *Relevez tout ce qui informe le lecteur sur le cadre du récit. (Lieu de l'action, la saison)*
2. *Découpez l'histoire en quatre séquences. Résumez chacune d'elles en une ou deux phrases.*
3. *Soulignez tous les passages dans lesquels le lecteur apprend quelque chose a) sur le narrateur, b) sur le commandant prussien.*

Diese drei Arbeitsaufträge decken die ersten drei der folgenden Diskussionsschwerpunkte für die Unterrichtsarbeit ab:

1. Le décor; 2. Le déroulement de l'action; 3. Les personnages/ les caractères; 4. Discussion et évaluation; 5. Analyse de la forme

1. Le décor

Man wird hierzu im Unterrichtsgespräch herausarbeiten, wo die Geschichte spielt, wieviel Zeit verstreicht zwischen der Ermordung der Frau und der grausamen Entdeckung des Erzählers. Weiterhin ist es durchaus empfehlenswert, die Schülerinnen und Schüler Belegstellen suchen zu lassen, die auf die besondere Härte diese Winters hindeuten. Denn die in diesem Winter herrschenden arktischen Verhältnisse machen das Verbrechen des preußischen Kommandanten noch einmal viel grausamer.

Um die Übersichtlichkeit des Stundenverlaufs zu erhöhen, sollte man bei diesem Unterrichtsschritt nicht auf typische Verhaltensweisen (vgl. Folien-/Tafelanschrieb *Le soldat et la femme*, p. 86) eingehen, sondern lediglich die Handlung nachskizzieren. Es wäre auch an dieser Stelle verfehlt, auf die fehlerhafte Aussprache des preußischen Kommandanten einzugehen.

Le cadre

Le cadre temporel :

hiver 1870 (décembre; **41**,2)	l'occupation par les Prussiens le crime
printemps 1871	l'armée d'occupation s'en va
automne 1871	la découverte du narrateur

les lieux de l'action :
la banlieue d'une ville, la maison de *la folle,* une forêt

L'hiver 1870/71 – un *hiver rigoureux :*
il gelait à fendre les pierres (**41**,4); la neige tombait jour et nuit (**42**,22); un linceul de mousse glacée (**42**,23); les loups venaient hurler jusqu' à nos portes (**42**,23 - 24).

2. L'action : découpage en séquences

Wie bereits eingangs dargestellt, läßt sich die Geschichte in vier große Sinneinheiten einteilen. Zu jeder sollten die Schülerinnen und Schüler einen resümierenden Satz schreiben. Das Ergebnis könnte wie folgt aussehen:

Première séquence : 40,8 - **41**,1
Dans la maison avoisinant celle du narrateur il y a une femme qui, suite à un grand chagrin, refuse depuis 15 ans de quitter son lit.

Hier sollten im Unterrichtsgespräch weiterführende Fragen das Dargestellte vertiefen und präzisieren:

Dites pourquoi cette femme est dans un tel état ?
(Cette folie est due à un violent chagrin : en un mois elle a perdu son père, son mari, et son bébé)

Qu'est-ce qu'on apprend sur la vie qu'elle mène depuis 15 ans ?
(d'abord un délire, une crise violente, puis lassitude calme, sans mouvement, toujours couchée, mange peu, boit de temps en temps quelque chose, ne parle pas)

Que peut-on dire sur son état d'esprit ?
(le narrateur ne peut avancer que des suppositions : pense-t-elle aux morts ? rêve-t-elle mais sans souvenir précis ? sa pensée est-elle complètement anéantie ?)

Deuxième séquence : 41,2 - 31
L'officier prussien, qui est logé dans la maison de la voisine, pense que celle-ci refuse de descendre par antipathie contre les occupants. Irrité, il monte dans sa chambre et lui lance un ultimatum : elle doit descendre le lendemain.

Ergänzend zu dieser Zusammenfassung kann man herausarbeiten, wie sich das Verhalten des Kommandanten ändert, wie er sich langsam in eine regelrechte Wut hineinsteigert. Dem kann man das apathische Verhalten der kranken Frau gegenüberstellen. Hier ist ein Folienanschrieb empfehlenswert, der nach der Sequenz 3 angelegt wird. Man kann ihn wieder verwenden, wenn die Frage der Schuld des preußischen Soldaten diskutiert wird, denn manches hier läßt auf seine Naivität schließen: er ist verlegen, wagt es nicht, seine Wut zu zeigen, glaubt endlich eine gute Lösung gefunden zu haben und ist stolz darauf.
In einer offenen Phase könnte man in der Klasse/im Kurs Mutmaßungen darüber anstellen lassen, wie der Preuße angesichts einer Frau, die physisch nicht in der Lage ist aufzustehen - nach 15 Jahren Bettlägrigkeit sind die Beinmuskeln völlig geschwunden - reagieren wird, wenn diese *nicht* aufgestanden ist.

Troisième séquence : 42,1 - **42**,27
La malade ne se lève pas. Après quelques moments d'hésitation, le commandant donne l'ordre de l'emporter dehors avec son matelas. On ne la revoit plus jamais.

Vertiefend kann man folgende Aspekte ansprechen:

Le comportement du commandant au cours de ce passage
(en colère, mais embarrassé (**42**,6), hésitant (**42**,6), se met à rire (**42**,7), donne un ordre (**42**,7), se frotte les mains (42,14), donc : il a une idée dont il est fier)

Dies bereitet folgenden Folien-/Tafelanschrieb vor:

Le soldat et la femme malade : le conflit se dessine

le soldat	la femme malade
Au début :	*Au début :*
ne s' inquiéte guère, reste indifférent (**41**,13) trouve cela normal (**41**,12)	la malade reste au premier étage
Avec le temps :	*Avec le temps :*
cette absence l'irrite (**41**,14)	
il monte et lui demande (d'un ton brusque) de descendre : il la prie (**41**,21 - 22)	ne répond pas, les yeux vagues, vides (**41**,23)
se fâche : il ne tolérera plus (**41**,25)	pas un geste, immobile, semble ne pas le voir (**41**,28) silence calme (**41**,29)
enrage et la menace (**41**,29 - 31)	
est en colère, mais embarrassé n'ose pas ... (**42**,6); irrésolu	
se frotte les mains (–> est fier) (**42**,14) croit avoir trouvé une bonne solution	

Quels mots et quelles expressions suggèrent au lecteur l'idée de la mort, lui donnent la certitude que la malade mourra/est déjà morte ? Portez votre attention sur la page 42, lignes 17 - 24.

Présage de la mort

mots et expressions dans le texte :	*associations :*
le cortège (**42**,17)	le convoi funèbre
la neige tombait (**42**,22)	la tombe
le linceul (**42**,23)	la mort, la tombe, couvrir un mort
ensevelir (**42**,22)	synonyme de : enterrer
les loups (**42**,23)	être dévoré par les bêtes affamées

42,22 : *la neige tombait :* Die Assoziation mag gewagt sein, jedoch ist zu bedenken, daß Maupassant nicht schrieb « il neigeait jour et nuit ». Auf Grund Maupassants sprachlicher Sensibilität ist diese Assoziation wohl nicht zufällig.

Comment le narrateur réagit-il ?
(Le souvenir le tracasse, le hante (**41**,25); il s'informe auprès des autorités allemandes [plus d'une fois])

Quatrième séquence : 42,28 - fin
Mathieu d'Endolin se fait encore des soucis au sujet de la femme disparue, mais lentement il commence à oublier ses doutes. En automne, il va à la chasse et trouve dans un fossé une tête de mort. Et tout à coup il sait que cet « ossement » est le crâne de sa malheureuse voisine.

Zusätzlich kann man noch folgende Punkte ansprechen:
Anfangs beschäftigt das Los der Nachbarin den Erzähler sehr stark. Erst langsam nimmt die Intensität der Beschäftigung mit ihrem Schicksal ab. Anfangs spricht er davon, dass ihn der Gedanke regelrecht verfolgt (**42**,26), dass er unaufhörlich an die Nachbarin denken muss (**42**,31). Auf Seite 43, Zeile 4 bezeichnet er den Gedanken als "Zweifel", um dann schließlich zu erkennen, dass sich im Laufe der Zeit seine Sorgen gelegt haben. Dieser Prozess kann durch folgenden Auftrag erarbeitet werden:

Expliquez les réflexions du narrateur sur le sort de la folle. Comment peut-on caractériser ce processus ? Tenez-vous aux pages ***42**,25 - **43**,5.*

(le lent processus de l'oubli : la pensée me hantait (**42**,25) –> moi seul y songeais sans cesse (**42**,31) –> rien ne venait alléger mes doutes (**43**,3 - 4) –> peu à peu, le temps apaisa le souci de mon cœur (**43**,4))

Ein weiterer Aspekt, auf den man eingehen sollte, ist die Art und Weise, wie der Erzähler seine Vermutung, dass er die sterblichen Überreste der Frau gefunden hat, den Zuhörern mitteilt. Er hat ja schließlich keinen Beweis, dass es sich wirklich so verhalten hat, wie er dies annimmt. Er macht deshalb bereits im Vorfeld der Aussage Einschränkungen, bringt aber dann seine Version der Dinge mit Nachdruck vor: ein Vergleich, eine fast beschwörende Wiederholung.

Etudiez page 43, lignes 11 - 16. De quelle façon le narrateur présente-t-il sa thèse ?

il n'a pas de preuves tangibles	bien d'autres avaient expirés dans ces bois peut-être en cette année (**43**,12) je ne sais pourquoi ... (**43**,13 - 14)	l'admet ouvertement ; fait des réserves ;
il est convaincu	le souvenir ... m'arriva dans la poitrine comme un coup de poing (**43**,11 -12) j'étais sûr, sûr (**43**,14) je devinai tout (**43**,10)	souligne le côté subjectif ; moyens stylistiques : la comparaison la répétition

Zum Abschluss dieser Sequenz bietet es sich noch an, die Zeilen 20 und 21 in die Diskussion einzubringen.
Es handelt sich um eine Gegenüberstellung von Leben und Tod. Die Wölfe fressen die kranke Frau, aber aus ihrem Lager geht wieder Leben hervor: Vögel bauen mit den Resten der Matratze ihr Nest, legen darin Eier und brüten Junge aus. Die kurze, fast harte, antithetische Aneinanderreihung der beiden Sätze drückt gleichzeitig Melancholie und Hoffnung aus. Der Weg vom Tod zum Leben mit der abschließenden Beschwörung « que nos fils ne voient plus jamais de guerre » könnte in Form folgenden Tafelanschriebs erarbeitet werden:

Puis les loups l'avaient dévorée (**43**,20)	–>	LA MORT	mélange de
Et les oiseaux avaient fait leur		Et la vie continue.	mélancolie
lit avec la laine de son lit déchiré (**43**,21)	–>	LA VIE	et d'espoir
		PLUS JAMAIS LA GUERRE	

Phase 3 : Analyse des personnages/des caractères

Die Schülerinnen und Schüler haben in der Hausaufgabe zu der Person des Mathieu d'Endolin, des Erzählers also, und des preußischen Kommandanten, der auch manchmal *officier* genannt wird (**41**,13; **42**,2; **42**,14), Informationen gesammelt (-> Phase 2, Arbeitsauftrag 1, S. 83). Die Kranke ist in keiner Form an der Handlung der Novelle beteiligt. Sie ist nur passives Opfer. Man erfährt lediglich ihr Alter und den Grund ihrer Krankheit. Sie kann daher bei der Besprechung der Personen unberücksichtigt bleiben. Der Erzähler hingegen und der preußische Kommandant werden aktiv, handeln und sind dementsprechend genauer charakterisiert. Die Nachzeichnung ihrer Person im Lehrer-Schüler-Gespräch führt automatisch zu der abschließenden Frage der Evaluation, der Schuldzuweisung.

1. Le narrateur

Da die Schülerinnen und Schüler die wichtigsten Aussagen bereits im Text unterstrichen haben (-> Phase 2, Arbeitsauftrag 3, S. 83), kommt man schnell zu folgendem Ergebnis:

- il appartient à la grande bourgeoisie ou à la noblesse (**40**,8)
- il est riche : il a une « propriété » dans le faubourg de Cormeil (**40**,10)
- il est chasseur (**43**,8 - 9)
- souffre de la goutte / ne peut presque plus marcher (**43**,7)
- il est courageux (**42**,25 - 27)
- antimilitariste (**43**,22 - 23)

Hier könnte man einen *devoir créatif* einschieben. Der Erzähler berichtet, dass er bei den preußischen Behörden vorstellig wurde und dabei beinahe in Gefahr geriet, erschossen zu werden. Die Schülerinnen und Schüler könnten den Dialog in Gruppenarbeit oder als Hausaufgabe schreiben; Aufgabe: *Mathieu d'Endolin va à la Kommandantur pour s'enquérir du sort de sa voisine. Ecrivez le dialogue.*

2. Le Prussien

Es ist empfehlenswert, vor der Diskussion die Szene im Haus der Nachbarin auf Kassette (Kettnummer 597342) anzuhören.

Auch er (der Preuße) ist nur mit wenigen Worten gezeichnet. Der Leser/ die Leserin erfährt nichts über sein Aussehen, über sein Bildungsniveau, über seinen sozio-kulturellen Hintergrund.

- un soldat grossier et brutal (soudard) (**41**,11)
- violent (**41**,11)
- bourru (**41**,11)
- parle le français, mais mal (**41**,21 - 27)

Das Französisch des Soldaten sollte anhand folgender Stelle untersucht werden:
« Nous ferrons pien si vous poufez bas vous hapiller toute seule et faire une bétite bromenate. » (**42**,15 - 16)

3. Le français du soldat

Il prononce mal : – il confond *b* et *p*, *t* et *d*, *é* [e] et *e* [ə], *f* et *v*
– *nous ferrons :* prononcé « à l'allemande »

Sa grammaire est bonne :
– *nous ferrons* (**42**,15); *je vous prierai* (**41**,21) : le futur est en ordre
– *toute seule :* il fait l'accord avec l'adjectif féminin

Son français n'est pas mauvais, le problème, c'est sa prononciation.

4. Les autres soldats

Die deutschen Soldaten werden ebenfalls nur mit wenigen, aber sehr treffenden Worten gezeichnet. Die Beschreibung beschränkt sich auf auditive und visuelle Eindrücke :

impression auditive :	leurs pas lourds et rythmés (**41**,6)
impression visuelle :	leur uniformité (tous pareils, **41**,8)
	mouvement de pantins (**41**,8 - 9)
	grand nombre (ils défilaient interminablement, **41**,8)

Phase 4 : Evaluation et discussion

In dieser Phase sollte die Frage geklärt werden, wer welche bzw. wieviel Schuld auf sich geladen hat. Bei oberflächlicher Betrachtung ist es nur der preußische Soldat. Man sollte aber weiterfragen, ob sich noch jemand mitschuldig gemacht hat.

1. Le crime du soldat allemand

Für die Ansicht, dass der Preuße ein Verbrechen begangen hat, steht die Tatsache, dass aufgrund seiner Befehle eine arme Kranke sterben musste. Dennoch aber finden die Schülerinnen und Schüler auch Aspekte, die seine Handlung etwas abmildern. Er hatte anfangs nicht erkannt, dass ein Mensch nach so langer Bettlägrigkeit gar nicht in der Lage ist, sich noch auf den Beinen zu halten. Er dürfte die Tragweite seines Befehls deshalb auch nicht erkannt haben. Wahrscheinlich nahm er an, die Frau würde draußen im Walde aufstehen und heimlaufen. Dafür spricht auch die Naivität, mit der er das, was er anordnet, für eine gute Idee hält (**42**,10: ... en se frottant les mains). Gegebenenfalls kann auf den Folien-/Tafelanschrieb S. 86 zurückgegriffen werden.
Er hat eigentlich zum Teil aus Dummheit so gehandelt. Man sollte die beiden Aspekte seiner Handlung dialektisch gegenüberstellen und dann nach einer resümierenden Überschrift suchen.

Le soldat allemand : un criminel ou un imbécile ?	
– il a causé la mort d'une femme	– il l'a fait moins par brutalité que par stupidité – il n'a pas pensé que cette femme ne pouvait plus se tenir sur ses jambes
– comme elle ne rentrait pas, il aurait dû la faire chercher par ses soldats	– il avait même pensé que son ordre était une bonne idée, il en était content, se frottait les mains

Wenn der Lehrer/die Lehrerin die Frage, ob noch weitere Gestalten der Novelle mitschuldig am Tode der Frau sind, in den Raum stellt, so führt dies unweigerlich a) zum Erzähler selbst, b) zu den deutschen Soldaten, c) zu den Bewohnern des Ortes.
Die Schülerinnen und Schüler diskutieren, was die einzelnen hätten machen können. Folgende Dinge könnten - neben anderen - angesprochen werden.

2. La culpabilité des autres

Le narrateur	les habitants du faubourg	les soldats allemands
• il était immobilisé dans son fauteuil • il a fait des démarches auprès des autorités prussiennes • il songeait sans cesse au sort de la malade	• ils auraient pu essayer d'empêcher cette déportation (difficile face à une troupe armée) • ils auraient pu suivre de loin les soldats et ramener la femme (difficile : les soldats avaient porté la femme loin du village, **42**,17 - 19) • le sort de la femme ne les préoccupait pas tellement (une certaine indifférence, **42**,30 - 31)	• ils auraient pu refuser l'ordre du commandant (les autorités militaires les auraient fusillés pour désobéissance) • ils auraient au moins dû lui parler, essayer de le faire renoncer à son plan (ils auraient éventuellement réussi)
SANS REPROCHE	IMPUISSANTS	IMPUISSANTS (auraient peut-être pu faire plus)

3. Un récit anti-allemand ou pacifiste

In dem Schülerheft sind die beiden *contes*, die Episoden aus dem deutsch-französischen Krieg behandeln, direkt hintereinander angeordnet, so dass sich ein Vergleich fast aufdrängt. In beiden Texten wird das Verhalten eines deutschen Soldaten thematisiert. In der *Analyse modèle* zu *L'aventure de Walter Schnaffs* ist die Erarbeitung von dessen Handeln und seinem Charakter bereits eingehend dargestellt. Darauf aufbauend fällt die Gegenüberstellung leicht. Ausgespart wird hier die Tatsache, daß in *L'aventure de Walter Schnaffs* auch die französische Armee lächerlich gemacht wird, es geht nur um den Vergleich der beiden deutschen Gestalten.
Die Erarbeitung des Gegensatzes kann in drei Etappen geschehen und kann zur Ergebnissicherung im nachfolgenden Schema festgehalten werden:

- Gegenüberstellung von Walter Schnaffs und dem Kommandanten in *La folle*
- Intention der *contes* (caricature, satire *versus* fait divers tragique)
- Reaktionen des Lesers

<u>L'image du soldat allemand</u>

L'aventure de Walter Schnaffs	**La folle**
• un pauvre soldat qui a peur • un véritable anti-héros • le contraire du cliché du soldat prussien	• un officier stupide, brutal, criminel et méprisable
• une caricature pleine d'ironie qui veut ridiculiser le militarisme de tous bords	• un récit tragique : une femme meurt
• le lecteur rit, s'amuse	• le lecteur ne rit plus, il est horrifié

Vor diesem Hintergrund ergibt sich als nächster Schritt die Frage, ob in *La folle* nicht, im Gegensatz zu *L'aventure de Walter Schnaffs*, das Bild des Deutschen zu einseitig negativ dargestellt wird. Hier kommen nun die *textes complémentaires 12* (Schülerheft S. 89 - 90) zum Einsatz.
Der erste (**89**,1 - 14) ist deutlich auf das Fühlen und Denken Maupassants ausgerichtet. Gefühle des Abscheus, die er empfindet, überwiegen deutlich. Die Tatsache, dass der Autor schreibt « la haine de l'occupant » (l.11), ist mit der Frage, ob das nicht etwas ganz Natürliches sei, leicht zu entkräften.
Der zweite Textauszug (**89**,15 - 26) blendet das Fühlen und Denken von Maupassant aus, um sich auf die Stimmung in Frankreich zu konzentrieren. Sie setzt also seine persönliche Geschichte ab vom politischen Hintergrund, vom ausgesprochen nationalistischen Grundtenor. Um dies zu illustrieren, wurde auch eine Strophe aus *Le Clairon* angefügt (**90**,1 - 8). Auf diesem Hintergrund wird den jugendlichen Lesern klar, dass Maupassant meilenweit von Verteufelung des Gegners und von revanchistischem Gedankengut entfernt ist.

Die Schülerinnen und Schüler lesen beide Texte und bearbeiten folgende Arbeitsaufträge:

Text 1:
a) Quelle phrase pourrait éventuellement donner l'impression que c'est un récit anti-allemand ?
(**89**,10 - 14: ... la haine de l'occupant ... –> un sentiment tout naturel et compréhensible)

b) Relevez tous les mots qui servent à décrire la guerre. Qu'est-ce qu'ils ont en commun ?
(**89**,4 - 5: pillage, meurtre, humiliation, lâcheté ; **89**,5 - 6: l'horreur, la trahison, la nausée, l'absurde; **89**,9-10: effarement, abominable, monstrueux, contre nature. Tous ces mots soulignent le côté négatif de la guerre.

Text 2:
Le texte oppose la dernière phrase de La folle *à un courant assez fort dans la pensée française. Expliquez !*

La folle	la littérature d'inspiration nationaliste
vœu : la disparition de la guerre	esprit de revanche (**89**,22)
	chants patriotiques (**89**,22)
	reprise des provinces perdues (**89**,25 - 26)
	lutte contre l'Allemagne (**89**,26)

Der ansatzweise "versöhnlich" stimmende Schluß des *conte* wird durch folgenden Satz unterstrichen: Et les oiseaux avaient fait leur nid avec la laine de son lit déchiré (**43**,21). Die Schülerinnen und Schüler können entweder spontan ausdrücken, wie sie diesen Satz empfinden, oder sie werden direkt gefragt, warum es sich hier um ein versöhnliches Ende handelt, inwiefern man diese Vögel als Symbol sehen könnte. Das Unterrichtsgespräch könnte zu folgendem Schluß führen:
Il s'agit d'une fin conciliante ; les oiseaux symbolisent le fait que la vie continue. Sur les ruines, sur les cruautés de la guerre, une nouvelle vie recommence.

Phase 5 : Analyse de la forme

Man sollte die Geschichte nicht abschließen, ohne auf Aspekte der literarischen Gestaltung eingegangen zu sein. Folgende Dinge könnten besprochen werden:

1. Le rapport entre le titre et le contenu de la nouvelle

Als Einstieg bietet sich ein Brainstorming an, in dem die Schülerinnen und Schüler aufgefordert werden, für den *conte* einen neuen Titel zu suchen. Folgende Vorschläge sind denkbar:

Plus jamais la guerre, Les horreurs de la guerre, Plus jamais ça, A bas la guerre, Crime de guerre, Le droit du vainqueur, Les occupants, Le commandant et la folle, Un épisode sous l'occupation.
Daran anschließend sollten die Schülerinnen und Schüler "ihre" Überschriften mit dem tatsächlichen Titel vergleichen. Das Unterrichtsgespräch könnte dazu führen, daß der nahezu lakonisch anmutende Titel Maupassants – was im Übrigen für die meisten seiner *contes* zutrifft – bewusst so gewählt wurde, um die Leserinnen und Leser seiner Geschichten über den Inhalt zunächst im Dunkeln zu lassen.

2. La perspective du narrateur

Die Geschichte wird von einem Ich-Erzähler dargeboten. Es handelt sich um einen *narrateur-personnage/narrateur-témoin,* der selbst zu den Personen der Geschichte gehört und an der Handlung teilnimmt. Das zeigt sich, wenn er zur Kommandatur geht und sich durch sein bohrendes Nachfragen unbeliebt macht. Schließlich ist er es, der den Totenkopf im Wald findet. Und da er als Ich-Erzähler nur das weiß, was er selbst gesehen, gehört oder erfahren hat, ist er im Zweifel, ob der Schädel wirklich von der kranken Frau stammt. Allerdings wird die begrenzte Perspektive des Ich-Erzählers auch durchbrochen. Mathieu d'Endolin erzählt im Detail Szenen, denen er mit Sicherheit nicht beigewohnt hat. Er war ganz bestimmt nicht bei dem Gespräch des Kommandanten im Haus der kranken Frau anwesend. Dennoch beschreibt er es detailgetreu, bis zur Verwendung wörtlicher Rede für die Wiedergabe der Worte des deutschen Soldaten (**41**,21 - 31). Das Durchbrechen der Erzählperspektive sollte daher näher besprochen werden.
Für die Schülerinnen und Schüler ist es hilfreich, ihnen als Tafelanschrieb oder per Folie die für *La folle* in Frage kommenden zwei unterschiedlichen Erzählperspektiven vorzustellen:

Le narrateur omniscient (allwissender Erzähler)

- Il ne fait pas partie des personnages du récit et présente l'action « du dehors ».
- Il sait tout sur les faits présents et passés (et même futurs – même quand ils ont lieu en même temps dans des endroits différents).
- Il sait tout sur tous les personnages (leurs actions, leurs paroles et même leurs pensées secrètes).
  Pourtant, il les présente tous « du dehors » et en parle le plus souvent à la 3e personne.
- Il peut s'adresser directement au lecteur, pour lui faire part de ses commentaires, par exemple.

Le narrateur-personnage ou *narrateur-témoin* (Ich-Erzähler)

- Il est un personnage du récit et peut participer à l'action.
- Il présente les faits sous la perspective individuelle de ce personnage : Il parle le plus souvent à la 1ère personne (*je*). Il ne sait des autres personnages et de leurs actions que ce qu'il a lui-même vu, entendu ou appris.
- Il ne communique pas directement avec le lecteur.

Mathieu d'Endolin est plutôt un *narrateur-personnage/narrateur-témoin*, car : il a une vue limitée (il ne sait pas ce qui est arrivé à la folle); il est un personnage du récit (il va à la Kommandatur, il se fait des soucis, il trouve la tête de mort).

Le Horla

Résumé et commentaire

Le Horla dans la forme présentée ici, parut en 1887. Sous le même titre, Maupassant avait toutefois publié, en 1886, une première version de cette histoire. Le fait qu'un an après il ait livré une seconde version fortement remaniée témoigne du sérieux et de l'intensité avec lesquels il a travaillé sur ce sujet.

Le Horla est conçu comme un journal intime. Mais c'est un journal dont la perspective se limite clairement à l'état de santé du narrateur ou, plus exactement, à son soupçon d'être tourmenté par un être invisible. Et ce n'est qu'indirectement ou accessoirement que le lecteur est informé sur les conditions de vie du narrateur.

Celui-ci, au début de l'histoire, vit sur les bords de la Seine, près de Rouen. Il mène une existence dont le calme est idyllique et son équilibre mental est absolu. Mais en l'espace de quelques jours, il a l'impresssion que sa santé, surtout sa santé psychique, se détériore. Il croit observer autour de lui la présence d'un être invisible, « un être maléfique », qui le suit partout et qui lui paraît menaçant. Il le nommera plus tard Horla (*hors là*). Un voyage au Mont-Saint-Michel permet de dissiper le phénomène. Il est alors clair que cet être menaçant ne se manifeste que localement.

L'entretien qu'il a avec un moine, au Mont-Saint-Michel, achève de convaincre le narrateur que le surnaturel existe. Mais après le voyage, le mal réapparaît et s'aggrave nettement. Bien qu'il ait encore quelques doutes et qu'il se demande sérieusement s'il n'est pas lui-même devenu fou, le narrateur croit pouvoir apporter la preuve de la malfaisance du Horla.

Un voyage à Paris le débarrasse momentanément de l'impression d'être menacé par une présence étrangère. Toutefois, à l'occasion d'une séance d'hypnotisme, il constate que les sentiments et la pensée de l'être humain sont dans une large mesure influençables de l'extérieur. Tout comme la visite au Mont-Saint-Michel, l'épisode de l'hypnotisme rend vraisemblable l'existence de phénomènes et d'êtres surnaturels.

De retour dans sa maison au bord de la Seine, le narrateur recommence à souffrir de la présence d'un être étranger. Il se croit de plus en plus terrorisé par cette présence. Sa situation est d'autant plus grave qu'il peut prouver l'existence du Horla. Devant les yeux du narrateur, le mystérieux étranger cueille une rose, vide un verre de lait, feuillette un livre et se manifeste indirectement dans un miroir. Finalement pour se débarrasser de cet être matériel et pourtant invisible, le narrateur met le feu à la maison, dans laquelle il croit le Horla enfermé. L'histoire se termine soudainement par le hurlement: « Il n'est pas mort ... alors ... alors ... il va donc falloir que je me tue, moi ». Quant au lecteur, on l'abandonne, sans lui donner de solution.

Le Horla est l'histoire d'un homme intelligent qui souffre d'un phénomène étrange. Certes, le lecteur croit d'abord qu'il s'agit d'un fou, victime de son imagination et de ses hallucinations. Toutefois, cette impression va de plus en plus s'atténuer. En effet, le narrateur, qui s'exprime à la première personne, tente d'analyser méthodiquement ce phénomène grâce à l'observation, à diverses expériences et aussi en cherchant des connexions avec les théories scientifiques de son temps. C'est ainsi que, peu à peu, Maupassant parvient à fasciner le lecteur, car celui-ci hésite continuellement entre la tentation de considérer ce « je » du narrateur comme celui d'un malade qui s'efforce d'observer, puis d'analyser un phénomène surnaturel. La conclusion reste ouverte, ce qui nous laisse songeurs, car aucune solution ne nous est proposée ; il n'est pas possible de classer tout simplement cette histoire comme une affaire désormais réglée.

Structure

On peut diviser *Le Horla* en trois séquences.

Séquence 1 : Premiers soupçons et incertitudes (**44**,1 - **52**,17)
- Une vie idyllique au bord de la Seine (**44**,1 - **45**,3)
- Les premiers symptômes, des hypothèses pour expliquer la maladie : somnambulisme ? folie? (**45**,4 - **48**,13)
- Une tentative d'évasion : voyage au Mont-Saint-Michel (**48**,14 - **50**,9)
- Le mal devient manifeste : l'épisode de la carafe (**50**,10 - **52**,17)

Le mal qui afflige le narrateur s'aggrave lentement : d'abord la fièvre et la nervosité, les insomnies, l'agitation intérieure et le sentiment diffus d'être menacé. Après une brève période de bien-être (le voyage au

Mont-Saint-Michel), le sentiment d'être hanté par un être invisible se concrétise de plus en plus. Il a l'impression que, la nuit, on le vide littéralement de sa substance, comme le ferait un vampire et il constate que cette créature boit l'eau de la carafe d'eau qu'il a placée à la tête de son lit. Intelligent et rationnel, le narrateur doute de lui-même et de ses facultés mentales. Une expérience fort simple finit toutefois par le convainccre que cette créature existe, matérielle tout en étant invisible. Le lecteur suit d'abord sans grand intérêt la description de cette existence tranquille que le narrateur mène au bord de la Seine. Mais quand il s'aperçoit qu'un homme intelligent et cultivé lutte contre un phénomène inexplicable, le lecteur, soudainement, accorde un vif intérêt au récit.

Séquence 2 : Le voyage à Paris - un moment de répit (**52**,18 - **58**,6)
La séquence peut être divisée en trois parties de longueur inégale :
– La vie de la grande ville : des moments de bien-être (**52**,18 - **53**,20)
– Une expérience bizarre : curiosité et étonnement (**53**,21 - **57**,33)
– Un dîner à Bougival : bien-être au restaurant (**58**,1 - **58**,6)

Ce séjour se distingue par un total bien-être du narrateur. Il se laisse porter par le mouvement de la grande ville qu'il observe d'un œil critique (**52**, 8 - **53**,20). Il est témoin d'une expérience qui montre à quel point l'individu peut être influencé, voire assujetti, quand il est soumis à l'hypnose (**53**, 21 - **57**, 33). Cet épisode, inséré seulement dans la version de 1887, a pour but de prouver que même les observateurs critiques et sceptiques se trouvent confrontés à des phénomènes qu'ils ne peuvent plus expliquer rationnellement. De plus, Maupassant répondait évidemment au goût du public qui se passionnait pour les questions concernant l'existence de phénomènes surnaturels.
L'attention du lecteur qui, au début, demeure égale se renforce soudain pendant la séance d'hypnotisme.

Séquence 3 : Certitude grandissante et panique (**58**,7 - **fin**)
Il n'est plus possible ici de diviser la séquence en des parties nettement délimitées.
Le narrateur ne met plus en doute l'existence du Horla qui impose sa volonté de plus en plus fortement et même le terrorise véritablement.
Sa réflexion se concentre maintenant sur la nature possible de ce phénomène invisible, sur la façon de le traiter et, finalement, sur le moyen de s'en débarrasser. Parmi les tentatives d'explication, il y en a une

que le narrateur adopte, suite à la lecture d'un article de presse. Le Horla se serait trouvé à bord d'un navire brésilien naviguant sur la Seine, devant son domicile; il aurait sauté par-dessus bord et se serait installé dans la maison du narrateur.
Il a bientôt l'idée de tuer cette créature invisible et pourtant matérielle. Il décide donc de l'enfermer dans sa maison et d'incendier le bâtiment. Mais cette mesure libératrice n'apporte aucune certitude concernant la mort du Horla.

Cette séquence n'est plus clairement structurée. Observation, sentiments, explications s'entrecroisent. Des idées surgissent, puis sont dominées par des sentiments de peur et de désespoir, pour revenir en surface et continuer leur développement. Le style et la composition du passage reflètent l'état d'esprit du narrateur. Ses pensées prennent un cours désordonné : tantôt il analyse la situation, tantôt il se met à prier, progressivement l'idée lui vient de se défendre contre le Horla, – s'il le faut par la fuite (**60**,26 - **61**,22), ce qui devient ensuite plus concret, aux pages **63**,23 - 24 (tenir sous mes poings; l'écraser contre le sol; mordre; étrangler), **65**, 7 (se révolte et tue) et page **66**,24 (je le tuerai) pour aboutir à la féroce décision d'incendier sa propre maison.

Plutôt que de chercher une structure bien nette, il faudrait donc dégager ici les différents sentiments et pensées du narrateur, à savoir :
- L'existence du Horla ne fait plus aucun doute.
- Le narrateur est saisi de panique et devient de plus en plus agressif.
- Il se demande quelles sont la nature et l'origine du Horla.

Plus la panique du narrateur augmente au regard des preuves que cette créature existe, plus le lecteur est fasciné. Lorsque le narrateur conçoit le désir de tuer, lorsqu'il le déclare ouvertement, la tension monte encore chez le lecteur qui se demande comment le Horla va être supprimé. Le dénouement ne fait aucunement retomber la tension.

Diagramme de la structure et courbe de la tension dramatique

La tension	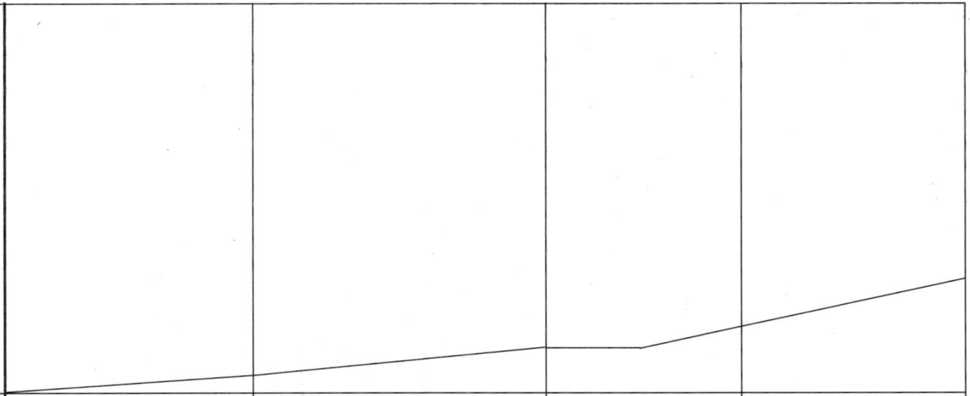			
état d'âme du narrateur	tranquillité, calme, idylle	inquiétude grandissante	calme	certitude/panique
le suspense du lecteur	intérêt poli	scepticisme –> curiosité C'est un malade mental ? C'est un homme raisonnable ?	étonnement face à l'expérience : réussira-t-elle ?	véritable suspense : Comment va-t-il tuer l'Invisible ?
	44,1 - **45**,3	**45**,4 - **52**,17	**52**,18 - **58**,6	**58**,7 - **fin**

Suggestions pour l'exploitation pédagogique

Auf allen Alterstufen besteht ein Interesse am Phantastischen und an der Science-Fiction, sei es in der Literatur oder in einschlägigen Fernsehserien. So besteht auch bei Schülerinnen und Schülern der gymnasialen Oberstufe mitunter ein reges Interesse an der Frage, ob es jenseits unseres Erkenntnishorizontes noch etwas gibt, Dinge, die wir vielleicht erahnen aber nicht mit unseren Sinnen wahrnehmen und auch nicht schlüssig beweisen können. Insofern kann *Le Horla* die Schülerinnen und Schüler durchaus faszinieren.
Die Herausforderung für die Unterrichtenden besteht in der Länge der Novelle (26 Seiten in der vorliegenden Ausgabe), in der manchmal etwas übersteigerten Sprache und in einigen erkenntnistheoretischen oder philosophischen Gedankengängen. Es ist nicht empfehlenswert, die Geschichte Seite für Seite zu lesen. Statt eines kleinschrittigen Vorgehens gilt es auszuwählen, Akzente zu setzen. Zwischenbilanzierung durch die Unterrichtenden, Überbrückungsreferate durch die Schülerinnen und Schüler werden dazu beitragen, die Durchnahme der Geschichte in einem zeitlich vertretbaren Rahmen zu halten. Kursives Lesen wechselt mit intensiver Beschäftigung mit einzelnen Passagen ab.

Phase 1: travail d'approche

Vor der eigentlichen Lektüre des *conte* sollten die Schülerinnen und Schüler mit einer literarischen Strömung des späten 19. Jahrhunderts bekanntgemacht werden: die Faszination durch das, was die menschlichen Sinne übersteigt. Sie können zu dieser Geschichte nur Zugang finden, wenn sie wissen, dass hier nicht ein Autor, der nicht viel später in geistiger Umnachtung starb, sich persönliche Probleme von der Seele schrieb, sondern dass er in einer Tradition stand, die das ausgehende 19. Jahrhundert mitbestimmte: z. B. die Geschichten von Edgar Allen Poe, Théophile Gautier (*Récits fantastiques*), Villiers de L'Isle Adam (*Contes cruels*), Barbey d'Aurevilly (*Les Diaboliques*). Dies kann dokumentiert werden anhand der Zusatztexte 13 und 14 des Schülerbuchs, S. 90 - 92 (*Maupassant et le fantastique; La pensée « fin de siècle » et l'esprit décadent*). Erarbeitungsvorschläge zu diesen beiden Texten siehe S. 121/122.

Phase 2 : lecture, compréhension et analyse

Première séquence : Premiers soupçons et incertitudes (**44**,1 - **52**,17)
Diese Sequenz besteht aus den auf S. 98 beschriebenen Abschnitten. Sie können in ca. drei Stunden durchgenommen werden.

1. Le mal se déclare (**44**,1 - **48**,13)
Alle Schülerinnen und Schüler lesen als Hausaufgabe den Text bis **45**,16 (*Sait-on ?*). Die Passage von **45**,16 - 33 sollte gemeinsam im Unterricht besprochen werden. Des Rest des Abschnitts (**46**,1 - **48**,13) wird in drei Überbrückungsreferaten (ÜR) abgehandelt. Dies ist organisatorisch möglich, da jedes Überbrückungsreferat nur einen Aspekt der "Krankheit" des Erzählers herausstellt.

Zwei Leitfragen steuern die häusliche Arbeit (**44**,1 - **45**,16):
1. Soulignez tout ce qui décrit le cadre et l'ambiance qui règne ce matin du 8 mai.
2. Pourquoi peut-on dire que le narrateur fait l'impression d'un homme qui se sent plutôt « bien dans sa peau ».

Überbrückungsreferate:
- ÜR 1; **46**,1 - 11 (16 et 18 mai)
- ÜR 2; **46**,12 - **47**, 18 (25 mai)
- ÜR 3; **47**,19 - **48**,13 (2 et 3 juin)

Im Unterricht können im Anschluß an die häusliche Vorbereitung folgende Aspekte bearbeitet und als Tafelanschriebe gesichert werden:

Forme littéraire : Journal intime
– un narrateur anonyme (métier ?, âge ?)
– notices irrégulières
– ne parle pratiquement que de sa maladie

Le cadre et l'ambiance
– une journée belle et chaude (**44**,1 - 2; 20)
– une maison avec un jardin au bord de la Seine (**44**,9)
– près de Rouen (**44**,13)
– des bateaux qui passent devant sa maison (**44**,24 - **45**,3*)
– ambiance de bonheur et de confiance (**45**,7)

*Diese Zeile sollten die Schülerinnen und Schüler besonders markieren, da sie im dritten Teil der Geschichte eine gewisse Bedeutung erlangt.

Le narrateur : un homme qui se sent bien dans sa peau
– une journée admirable (**44**,1)
– il fait bon (**44**,20)
– étendu sur l'herbe (**44**,1)
– il possède une maison avec un jardin (**44**,2; 10)
– il aime son pays (**44**,3)
– il est du pays (**44**,4)

Des changements importants	
le 8 mai :	*le 12 mai :*
bonheur (**45**,7)	fièvre (**45**,4)
confiance (**45**,7)	tristesse (**45**,5)
bien-être	découragement (**45**,6)
	détresse (**45**,7)
	les nerfs ébranlés (**45**,13)
	l'âme assombrie (**45**,13)
	la pensée troublée (**45**,15)
donc : l'idylle	**la dépression**

45,16 - 33 : Die Passage ist wichtig, da Maupassant sofort das Vorhandensein übersinnlicher, übernatürlicher Kräfte ins Spiel bringt und deren mögliche Existenz erkenntnistheoretisch plausibel macht. Die Erarbeitung der Passage kann in zwei Schritten vorgenommen werden.

Der erste geht noch aus der Hausaufgabe hervor (*Les causes de ce changement*); der zweite (*La justification de l'Invisible*) wird gemeinsam aus der in der Stunde gelesenen Passage (**45**,16 - 33) erarbeitet (Vorschläge für Tafelbilder –> S. 105).

Les causes de ce changement

Elles sont inexplicables.

Est-ce :

un frisson de froid ?	(**45**,13)	LA NATURE, TOUT CE QUI ENTOURE LE NARRATEUR ?
la forme des nuages ?	(**45**,14)	
la couleur du jour ?	(**45**,14)	
la couleur des choses ?	(**45**,14)	

peut-être :		*ou :*
des influences mystérieuses	(**45**,6)	
des voisinages mystérieux	(**45**,9)	L'INVISIBLE ?
inconnaissables Puissances	(**45**,8)	

La justification de l'Invisible

L'Invisible peut exister, parce que nos sens sont trop faibles/misérables (**45**,22) :

- les yeux (**45**,22)
- les oreilles (**45**,25)
- l'odorat (**45**,29)
- le goût (**45**,29)

Pour percevoir l'Invisible, il nous faudrait d'autres organes, plus performants (**45**,31).

Damit hat Maupassant das Hauptthema dieses *conte* eingeführt: Gibt es unsere Sinne übersteigende Phänomene und Wesen?

Der nun folgende Teil der 1. Sequenz wird in drei Überbrückungsreferaten abgewickelt. Jeweils ein Schüler/eine Schülerin hat die Passage genau gelesen und gibt mittels eines Folienanschriebs kurz zusammenfassend das Wesentliche der Textstelle wieder. Beim ÜR 1, das sich auf nur 11 Zeilen Bezugstext stützt, sollte man hinzufügen, daß der Referent/die Referentin alle seelischen und psychischen Symptome auflisten soll und die Maßnahmen zur Heilung nicht vergessen darf (Möglicher Arbeitsauftrag: Faites une liste exhaustive de tous les symptômes psychiques et physiques et indiquez la thérapie proposée.). Die Strukturierung der Schülerbeiträge kann unterschiedlich aussehen, aber insgesamt ist folgender Erwartungshorizont vorstellbar:

ÜR 1 (**46**,1 - 11): L'état général du narrateur

Il souffre / Il a peur (**46**,1 - 7):
- d'un énervement fiévreux (**46**,2)
- d'un danger menaçant (**46**,4)
- de l'appréhension d'un malheur (**46**,4)
- de la mort qui approche (**46**,5)
- de l'atteinte d'un mal inconnu (**46**,6)

Il consulte un médecin (**46**,8 - 11):
- *diagnostic :* pouls rapide, l'œil dilaté, les nerfs vibrants (**46**,9);
- *thérapie :* des douches froides, prendre un médicament (**46**,11).

UN MAL INCONNU

ÜR 2 (**46**,12 - **47**,18): Les nuits du narrateur

Il sent une menace terrible –> il a une grande peur de tout (**46**,14,17,18)
Il est surexcité : il dort mal et peu (**46**,27 - **47**,16)
Il a des cauchemars : un être inconnu s'agenouille sur lui, veut l'étrangler (**47**,5 - 14)

ÜR 3 (**47**,19 - **48**,13): Une promenade solitaire

Il ressent tout à coup : frisson d'angoisse (**47**,27 - 28), inquiétude (**47**,29), peur sans raison (**47**,29), confusion et vertige (**48**,6 - 11), sentiment d'être suivi par un être invisible (**48**,1 - 3)

2. L'épisode du Mont-Saint-Michel (48,14 - 50,9)

Auf die hektisch nervöse Stimmung der Tage vor dem 3. Juni folgt nun eine retardierende Passage. Sie beginnt mit einer Beschreibung der Landschaft um den Mont-Saint-Michel und kommt dann zum zentralen Punkt der Episode, der erkenntiskritischen Aussage des Mönches. Die beschreibende Passage sollte intensiv im Unterricht gelesen werden, das Gespräch mit dem Mönch kann mit einer schriftlich zu beantwortenden Frage im Rahmen der Hausaufgabe abgedeckt werden.

La description de la baie d'Avranches

Die Passage ist wie die ersten Szenen eines Films aufgebaut. Auf die Totale einer Landschaft folgt eine Kamerafahrt bis zum Ziel, wo dann in Nahaufnahme das Gespräch stattfindet.

La structure du passage (comme dans un film) :
- *vue à grand angle :* la baie d'Avranches au soleil couchant (**48**,16 - 24)
- *séquence de vues :* la route vers l'abbaye (**48**,25 - **49**,7)
- *gros plan :* le sommet - le narrateur et le moine parlent (**49**,8 - **50**,9)

Les moyens artistiques/littéraires :
- *impressions visuelles :* ressemblent à un tableau impressionniste (jaune, or, sombre, clair, flamboyant; **48**,21 - 23)
- *procédés de style :* métaphores (un bijou de granit, **49**,2), comparaison(léger comme une dentelle, **49**,2), antithèse (le ciel bleu des jours *vs.* le ciel noir des nuits, **49**,4), énumération (chimères, diables, bêtes, fleurs; **49**,5 - 6), personnification (énorme bloc de pierres qui *porte* la petite cité, **48**,28; lancer leurs *têtes* dans le ciel, **49**,5)

l'intention : après des scènes agitées, créer une atmosphère de calme, repos, harmonie

Das Gespräch mit dem Mönch wird im ersten Teil durch die kurze Besprechung der als Hausaufgabe vorbereiteten Fragestellung begonnen:

Résumez en une phrase ce que le moine raconte au narrateur et pourquoi ce dernier s'y intéresse.
(Autour du Mont, il y a, entre autres, des phénomènes surnaturels à observer et le moine ne nie pas leur existence ; le narrateur s'y intéresse parce que l'argumentation du moine confirme ses propres observations/suppositions.)

Weiterführend könnte folgende Frage erörtert werden:

Pourquoi est-ce précisément le Mont-Saint-Michel et pourquoi est-ce un moine qui raconte ?
(Le Mont-Saint-Michel est un symbole de la foi chrétienne. Même là, dans ce haut-lieu du christianisme, les hommes d'Eglise admettent la possibilité de phénomènes surnaturels, ils ne sont pas à l'abri du doute. C'est presque un aveu officiel.)

Der Versuch des Mönches, anhand des Windes die Existenz von Dingen nachzuweisen, obwohl man sie nicht sehen kann (**50**,1 - 6), kann mit einem Querverweis auf das Weltwissen aus dem Physikunterricht unterlegt werden:

Donnez des exemples pour des phénomènes physiques imperceptibles pour l'être humain.
(la radio-activité, les rayons X, le magnétisme, les ondes : radio, télévision, micro-ondes, etc.)

3. Le mal s'aggrave ((**50**,10 - **52**,17)

Zentrale Bedeutung dieses Teils hat die Episode mit dem Wasserglas. Sie kann allerdings relativ zügig abgehandelt werden, da sie stark erzählenden Charakter hat.

Indessen sollte man am Ende dieser Sequenz nochmals rückschauend den Erzähler in den Mittelpunkt des Interesses rücken. Zwei Themen stehen im Zentrum der Erarbeitung. Zum Ersten lässt sich eine "Gefühlskurve" erstellen, d.h. eine Darstellung der Gefühlszustände, denen der Erzähler sukzessive unterworfen ist. Der Rückgriff auf die Überbrückungsreferate erleichtert die Arbeit.

Dann kann noch die Frage untersucht werden, ob der Erzähler geisteskrank ist oder nicht. Sie muss allerdings ganz am Ende der Unterrichtseinheit nochmals aufgegriffen werden. In beiden Fällen kann man einen Tafelanschrieb erstellen.

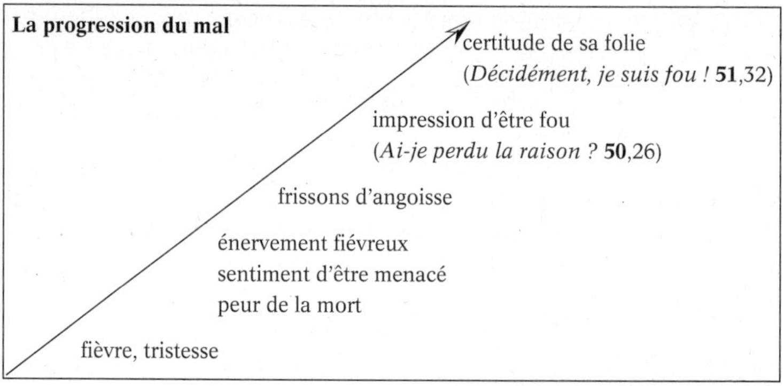

Maupassant lässt den Leser ganz bewusst im Ungewissen darüber, ob der Erzähler geisteskrank ist oder nicht. Dies kann dialektisch dargestellt werden:

Le narrateur, un fou ?	
ce qui parle en faveur d'un dérangement mental : • il a des moments d'un énervement inexplicable (**46**,16 - 22) • il se sent persécuté sans motif (**47**,27 - **48**,11) • le style de ce qu'il écrit : surexcité (**47**,4 - 14)	*ce qui parle contre :* • il est un type instruit, qui s'y connaît en philosophie (**45**,6 - 33) • il s'observe, s'analyse (**51**,17 - 30) • il procède à des expériences bien préparées, bien réfléchies (**51**,31 - **52**,16)

An dieser Stelle sollte noch die Tatsache ausgespart werden, dass die Probleme verschwinden, wenn sich der Erzähler von seinem Haus entfernt (vgl. die gute Stimmung auf der Reise zum Mont-Saint-Michel, und etwas später die "Beschwerdefreiheit" in Paris).

Deuxième séquence : Séjour à Paris - un moment de répit (**52**,18 - **58**,6)
Die Schülerinnen und Schüler bereiten die gesamte, aus drei Abschnitten bestehende Sequenz vor, indem sie sie zunächst extensiv-kursorisch lesen. Nicht jedes Verhalten und jede Reaktion sollte thematisiert werden. Dennoch kann der Lehrer/die Lehrerin im Unterrichtsgespräch einige deutliche Akzente setzen. Wichtig sind folgende Punkte:
- Der Erzähler fühlt sich in Paris ausgesprochen wohl und er hat auch eine Erklärung dafür.
- Funktion der Episode: Die Vermutungen des Erzählers bezüglich der Existenz von unsere sinnliche Wahrnehmung übersteigenden Phänomenen werden in doppelter Form bestätigt : durch die theoretischen Ausführungen des Arztes und durch dessen Experiment.
- Der Erzähler wird gewissermaßen rehabilitiert: er ist geistig gesund, kritisch.

Zu den Seiten **52**,18 - **53**,20 können zwei schriftlich zu bearbeitende Aufträge vergeben werden, die dann den ersten Teil der Stunde ausfüllen.
Soulignez de couleurs différentes ce qui distingue, selon le narrateur, la vie à Paris de celle à la campagne.

PARIS - LA CAMPAGNE : DEUX MONDES DIFFÉRENTS	
La vie à Paris :	*La vie à la campagne :*
un air nouveau, vivifiant et salutaire :	la solitude (**52**,27)
des courses, des visites (**52**,24)	le vide (**52**,29 - 30)
le théâtre (Théâtre Français; Dumas fils (**52**,25 - 26)	l'affolement (**52**,22)
	la démence (**52**,22)
la foule (**52**,28 - 32; **53**,7 - 20)	les fantômes (**52**,30)
l'observation amusée et critique (**53**,7 - 20)	la terreur (**52**,32)
guérir, remettre d'aplomb (**52**,23 - 27)	la tête s'effare, s'égare (53,2 - 3)
gai (**52**,31)	des mystères effrayants (53,5)

Die Auflistung enthält einerseits Charakteristika, die das Leben in Paris bzw auf dem Land ausmachen, und zeigt andererseits, welchen Einfluss sie auf das Individuum, den Erzähler ausüben.

S'il y a un être invisible autour du narrateur, qu'est-ce que vous constatez en lisant les épisodes du Mont-Saint-Michel et celui-ci ? (Deux fois, quand le narrateur s'éloigne de sa maison, il retrouve son calme, la santé, l'équilibre. Cela veut dire que cet être mystérieux ne peut pas le suivre, ne peut pas se déplacer, est lié à la maison du narrateur. Pour retrouver son calme, son équilibre mental, le narrateur n'a qu'à déménager, vendre la maison, s'établir, s'installer ailleurs, ce qui n'est pas facile parce qu'il aime cette maison et qu'il a ses racines dans cette région.)

Der 2. Abschnitt dieser Sequenz hat stark erzählenden Charakter. Das Unterrichtsgespräch wird sich also auf den Verlauf der Handlung konzentrieren. Eine Aufteilung in drei Teile ist möglich, wobei für jeden ein Titel gesucht und festgehalten werden kann. Je ein Schüler/ eine Schülerin kann kurz darüber berichten.

1ère partie : Un médecin rapporte les nouvelles théories de la science (**53**,21 - **54**,17)
2ième partie : a) Une expérience étonnante : une séance d'hypnotisme (**54**,18 - **55**,22); b) Une expérience étonnante (*suite*): La visite de Mme Sablé en transe (**55**,23 -**57**,31)
3ième partie : Bien-être dans la foule (21 juillet; **58**,1 - 6)

Abschließend wird die Funktion der gesamten 2. Sequenz herausgearbeitet. Dazu sind 4 Schritte nötig.
Zuerst sollte klar gemacht werden, dass der Erzähler nicht ein leicht beeinflussbares Wesen ist, sondern eine Persönlichkeit, die kritisch denkt. Dies kann unter anderem mit Bezug auf die Passage **55**,15 - 21 gezeigt werden; die Ergebnisse können folgendermaßen festgehalten werden:

La réaction du narrateur

Le narrateur doute (**55**, 16), pense à une supercherie (**55**,18; **55**,35 - **56**,3) compare le docteur à un prestidigitateur (**55**,20), met sa cousine à l'épreuve (**56**,9 - 31), veut l'éclairer, la convaincre (**57**,13).	*donc :* un esprit critique qui ne se laisse pas influencer ou tromper facilement

Anschließend sollte kurz auf die Aussagen des Arztes eingegangen und den Schülern und Schülerinnen die Konkordanz mit den Überlegungen des Erzählers klargemacht werden. Dafür wird die Passage **53**,28 - **54**,13 analysiert. Die Ergebnissicherung könnte wie folgt aussehen:

Les théories du médecin	
L'homme se sent frôlé par un mystère (**54**,1), il est hanté par des phénomènes invisibles (**54**,4);	*les conséquences :* des superstitions, des légendes, la religion
mais il ne les perçoit pas à cause : – des sens grossiers et imparfaits (**54**,2) – des organes impuissants (**54**,3)	

Daran anschließend kann folgende Frage gestellt werden:

Comment le narrateur va-t-il réagir en entendant ces idées ?
(Il se sent confirmé. Il se rend compte que les scientifiques voient les choses tout comme lui.)

Auf diese Weise wird die Funktion des so ausführlich beschriebenen Experimentes deutlich; der Erwartungshorizont könnte wie folgt zusammengefasst werden:
Le narrateur se sent doublement confirmé. Premièrement, par ce que le médecin raconte, et puis par les deux expériences. A la fin de cette partie du conte, l'existence d'êtres matériels mais invisibles est incontestable (du moins pour le narrateur). Ce n'est pas seulement l'Eglise elle-même qui l'admet (voir l'épisode du Mont-Saint-Michel), mais c'est aussi la science qui soutient cette thèse.

Troisième séquence : Certitude grandissante et panique (**58**,7 - **fin**)
Die Erarbeitung kann in drei Etappen erfolgen:
58,7 - **60**,20; **60**,21 - **67**,32; **67**,33 - fin.

1. **58**,7 - **60**,20: Es handelt sich um die Episode mit der Rose (*6 août*) und um einen Versuch des Erzählers, sich seinen Geisteszustand rational, wissenschaftlich zu erklären (*7 août*). Die ganze Passage sollte von den Schülerinnen und Schülern zu Hause vorbereitend gelesen werden. Mögliche Arbeitsaufträge, die in häuslicher Arbeit oder in Gruppenarbeit in der Stunde selbst erledigt werden können:

6 août. En faisant cette notice dans son journal intime, le narrateur est très excité. Pourquoi ? De quelle façon ce sentiment se manifeste-t-il dans le texte ?
(Il a vu de ses propres yeux, en plein soleil que cet être invisible a cueilli une rose. Jusqu'à ce jour, il ne l'avait jamais perçu par ses sens. Cela explique son excitation, qui s'exprime surtout au début de cette notice dans la répétition fiévreuse du verbe *voir* : *j'ai vu* (5 fois, **58**,14 - 16), *je vis* (2 fois, **58**,21), dans la répétition de la conjonction *comme si* (**58**,22 - 23), dans la syntaxe saccadée, haletante (**58**,17 - 19.)

Quelle conclusion le narrateur tire-t-il de cet épisode ?
(Il est maintenant convaincu de l'existence de cet être qui est imperceptible pour nos sens, mais qui est d'*une nature matérielle* (**59**,7), *qui se nourrit de lait et d'eau* (**59**,5), *qui peut toucher aux choses* (**59**,6).)

7 août (**59**,11 - **60**,5). *Soulignez cinq verbes et cinq noms prouvant que le narrateur essaie de s'expliquer son état d'esprit à l'aide de théories scientifiques.*
(être conscient, **59**,21; sonder, **59**,22; analyser, **59**,22; préciser, **59**,25; noter, **59**,25.)
(cerveau **59**,25/cérébral, **59**,33; phénomènes semblables, **59**,28; trouble inconnu, **59**,24; faculté imaginative, **59**,31; appareil vérificateur, **59**,30.)

Zwei weitere Stellen sollten im Unterrichtsgespräch noch angesprochen werden. **59**,9 - 10: Der Erzähler hat nun das unbekannte Wesen resignierend akzeptiert. **60**,6 - 16: Diese Passage (insbesondere die Zeilen 11 - 16) lässt erahnen, dass der Horla regelrecht vom Erzähler Besitz ergriffen hat.

2. **60**,21 - **67**,32: Es handelt sich um einen längeren Abschnitt des Textes, der zu Hause gelesen und nach vier arbeitsteiligen Themenschwerpunkten vorbereitet werden sollte.

- Le narrateur, un être possédé par le Horla
- Montée de l'agression contre le Horla
- Le Horla, un être nouveau
- La montée de la panique

Der folgende Erwartungshorizont enthält Hinweise auf einschlägige Textstellen, zu denen im Anschluss eine Zusammenfassung, eine Synthese vorgeschlagen wird.

Vorher resümieren die Schülerinnen und Schüler jene drei Episoden, welche die Existenz des Horla sinnfällig machen: l'épisode de la rose (**58**,14 - **59**,2), l'épisode du livre (**63**,6 - 20), l'épisode du miroir (**66**,31 - **67**,27).

Le narrateur, un être possédé par le Horla
Auswahl: **60**,30 - **61**,16 ; **61**,23 - 26 ; **62**,9 - 12 ; siehe auch **60**,11 - 16.
Synthèse : Le narrateur sous influence

Le narrateur :

- se sent totalement dominé par un être parasite (**61**,26)
- n'a plus de volonté, a perdu toute énergie (**61**,4 - 6)
- obéit à tout ce que le Horla veut (**61**,7)

L'idée de tuer le Horla surgit/la montée de l'agression contre le Horla
Auswahl: **63**,22 - 28 ; **65**,7 - 8; **66**,24 ; **67**,29 - 30.
Synthèse : La lente montée de l'agression

Après une première attaque (**63**,15 - 17) spontanée et instinctive, l'idée de tuer le Horla se précise :

• sentiment assez vague :	« une heure viendra » (**63**,28)
• sentiment plus précis :	« l'animal tue et se révolte » (**65**,7)
• décision :	« je le tuerai » (**66**,24)
• un premier plan :	« par le poison ? » (**67**,29-31)

L'idée de tuer le Horla se concrétise de plus en plus.

Le Horla, un être nouveau
Auswahl: **62**,20 ; **62**,29 - **63**,2 ; **64**,18 - **65**,6 ; **65**,23 - **66**,8.
Synthèse : Le Horla, un être nouveau ?

Le Horla : une nouvelle étape dans le développement des espèces :

• il prendra la place de l'homme (**64**,18) • il est plus fort (**62**,20) • plus parfait (**65**,29) • plus fin, plus fini que l'homme (**65**,29)	LA THÉORIE DARWINISTE

- un corps nouveau que la lumière traverse (**65**,24)
- peut-être un extra-terrestre (**62**,33 - **63**,2)

La montée de la panique
Die den Erzähler immer stärker ergreifende Panik manifestiert sich hauptsächlich im syntaktischen Bereich. Zwischen spekulativen Passagen

wird der Ton der Erzählers immer wieder und immer öfter abgehackt, fieberhaft. Panik ergreift ihn, er kann nicht mehr ruhig und linear denken: Kurze Sätze mit Wiederholungen dominieren, die Hypotaxe macht der Parataxe Platz.
Auswahl: **61**,17 - 22 ; **64**,32 - 36 ; **66**,23 - 30 ; **67**,29 - 32 ; siehe auch **58**,14 - 16.

Synthèse : La panique monte

Le ton du narrateur devient fébrile : • il répète des mots, des bouts de phrase • il utilise des questions, des exclamations • il parle "d'épouvante", qui le fait "frissonner"

Nach der Zusammenschau der vier Themenschwerpunkte kann noch die Textstelle **63**,29 - **64**,7 besprochen werden. Es handelt sich um einen Zeitungsausschnitt, in dem von Zuständen in Brasilien berichtet wird, die vermuten lassen, dass dort ein dem Horla ähnliches Wesen sein Unwesen treibt. Von hier kann man auf den Beginn des *conte* hinweisen, wo bereits anfangs die Passage markiert wurde (vgl. S. 103), in der das brasilianische Segelschiff einlief, dem der Erzähler auch noch zuwinkte (**45**,2). Der Horla könnte also dieses Schiff verlassen, sich zum Besitz des Erzählers begeben und dort einquartiert haben. Wichtig ist hier, dass der Erzähler eine Querverbindung zwischen seinen eigenen Beobachtungen über den Horla und dem Bericht einer wissenschaftlich orientierten Zeitschrift zieht:

DES PARALLELES ÉTONNANTS	
La Revue du monde scientifique	**Les observations du narrateur**
Des Brésiliens se sentent : poursuivis, possédés, gouvernés (**64**,3) par des êtres invisibles mais tangibles (**64**,4) des vampires (**63**,5) qui se nourissent aussi d'eau et de lait (**64**,6-7)	Le narrateur est : gouverné (**61**,12 - 22) par un être qui est invisible mais matériel (**59**,5-7) qui boit son sang (**50**,20-24) qui se nourrit d'eau et de lait (**59**,5)
Conclusion : Un être a sauté du trois-mâts brésilien (*tout blanc*, **45**,1; **64**,15) pour s'installer dans la maison (*toute blanche*, **64**,16) du narrateur.	

3. (**67**,33 - **fin**): Dieser Schlussabschnitt kann im Unterrichtsgespräch nach häuslicher Lektüre resümiert und aufgearbeitet werden. Die Frage, die sich zum Schluss der Geschichte aufdrängt, ist, ob der Erzähler einfach der Verstand verloren hat, oder ob er wirklich vom Horla besessen ist, in dem Sinne, dass dieser quasi in ihn geschlüpft ist und jede seiner Handlungen diktiert. Letzteres behauptet der Erzähler (z.B. **61**,6 - 8; **61**,20 - 22; **63**,26 - 28).
In der Suche nach einer Antwort auf die Frage sind die Interpreten geteilter Meinung. Was weiterhilft, ist ein Vergleich zwischen der ersten Fassung des conte und der vorliegenden. Die erste Version war deutlich so angelegt, dass alle Argumente, die für eine geistige Störung des Erzählers sprechen, entkräftet, vom Tisch geräumt werden. In dieser ersten Fassung ist der Erzähler unbestreitbar geistig gesund. In der hier diskutierten Überarbeitung hat Maupassant alle diesbezüglichen Indizien gelöscht, um den Leser zu verunsichern. Genaugenommen spielt er mit dem Leser, hat in dieser zweiten Version alles so angelegt, dass dieser auf den ersten Blick keine Gewissheit erlangen kann.

Dennoch muss sich der Lehrer/die Lehrerin den Fragen der Schülerinnen und Schüler stellen. Es wird folgende Linie vorgeschlagen (im Einklang mit Joël Malrieu, *Le Horla de Guy de Maupassant*, Folio, Gallimard , Paris 1996, p.87 : « Le Horla ... n'existe que dans l'imagination du narrateur et il faut donc que celui-ci soit fou. Cette hypothèse, la plus rassurante et le plus généralement admise, est beaucoup plus vraisemblable dans la seconde version que dans la première. »). Drei Dinge sprechen für eine geistige Störung des Erzählers:
• Die zunehmend wirre syntaktische und inhaltliche Struktur der Tagebucheinträge ab dem 30. Juli bis zum 10. September.
• Der Horla, wie ihn der Erzähler in dieser Version darstellt, ist ein in sich nicht schlüssiges Wesen, er ist nicht stimmig (siehe unten *Le Horla, un être plein de contradictions*).
• Das Verhalten des Erzählers in der Brandnacht.

Der erste Punkt ist im Laufe der Erarbeitung bereits hinreichend thematisiert worden. Was den zweiten Punkt betrifft, sollten im Unterrichtsgespräch folgende Fakten herausgearbeitet werden:

Le Horla, un être plein de contradictions, incohérent, incompréhensible	
• Le Horla est un vampire : il a régulièrement besoin de sang ;	• mais il ne vampirise le narrateur qu'une seule fois (**50**,20 - 24), il le laisse tranquille (**59**,9 - 10);
• il est l'être nouveau qui veut supplanter l'espèce humaine (**62**,20; **64**,18);	• il ne s'en prend qu'au narrateur (exception : **50**,10 - 18; ce qui s'explique par l'absence du narrateur);
• le Horla domine le narrateur, le force à faire ce qu'il veut (**61**,8 - 19; **66**,23 - 24);	• il n'arrive pas à le dominer le 10 septembre quand celui-ci l'enferme dans la maison (**68**,15 - 17).

Diese Inkohärenz des Horla lässt drauf schließen, dass er nur in der Phantasie eines teilweise geistig gestörten Menschen existiert.
Ein letztes Indiz für eine geistige Störung ist im Verhalten des Erzählers in der Brandnacht zu sehen. Er hat versehentlich sein Personal mit in das brennende Haus eingesperrt: die Bediensteten verbrennen bei lebendigem Leib. Dem Erzähler fällt nichts Besseres ein, als lakonisch festzustellen, dass das Haus ein Scheiterhaufen war: « un bûcher horrible et magnifique ... où brûlaient des hommes, et où il brûlait aussi »(**69**,11 - 14). Dieser ungerührte Bericht vom Feuertod seiner Bediensteten läßt ein Auseinanderklaffen von Fühlen und Handeln vermuten, das in Fällen von Schizophrenie zu beobachten ist.
In einer Schlußbetrachtung sollte nochmals zusammenfassend herausgestellt werden, was bereits bei der Erarbeitung anklang:
Maupassant
- joue avec l'invisible, l'irréel, avec les théories de son époque;
- joue avec le lecteur, ne lui donne pas d'explication satisfaisante, le laisse sur sa faim (voir courbe de la tension dramatique).

Textes complémentaires

Im Folgenden finden sich Erarbeitungsvorschläge inklusive Erwartungshorizont zu den *textes complémentaires,* die nicht im Rahmen der Einzelanalysen behandelt wurden. Sie sind je nach Unterrichtssituation und -planung einzusetzen.

1. Le réalisme et le naturalisme (SchB p.70)

1. Faites une liste des caractéristiques (positives et négatives) du romantisme.
(Caractéristiques positives : liberté dans l'art (**70**,10), imagination (**70**,11), sensibilité (**70**,11); caractéristiques négatives : caprices, fantaisies du goût individuel (**70**,12), excès et débauches (**70**,13).)

2. Pourquoi faut-il, pour bien comprendre le réalisme, connaître les traits essentiels du romantisme ?
(Parce que le realisme était une réaction contre les tendances propres au romantisme (**70**,9).)

3. Soulignez les passages où l'auteur met en évidence que le réalisme et le naturalisme ont certains points communs ?
(L'observation attentive de la réalité (**70**,4), l'étude minutieuse des faits (**70**,7), une littérature impersonnelle solidement appuyée sur le terrain de la réalité (**70**,14 - 15), la recherche du vrai (**70**,19), le goût de l'observation précise (**70**,19))

4. Où Braunschvig voit-il la différence entre les mouvements réaliste et naturaliste ?
(réalisme : les sujets –> le présent, mais aussi les temps passés, les pays lointains (**71**,12 - 13); le rôle de l'auteur –> un simple observateur (**71**,2); l'intention littéraire –> reproduire fidèlement et intégralement la réalité, accumuler des documents, inventer le roman documentaire (**70**,24 - 25; **71**,2);
naturalisme: les sujets –> presque exclusivement la réalité contemporaine (**71**,14); le rôle de l'auteur –> observateur et expérimentateur (**71**,2 - 4), s'appuie sur la science (**71**,10 - 11); l'intention littéraire –>

observer les faits, étudier et montrer que les personnages sont "déterminés"; créer le roman expérimental (**71**,5 - 11))

5. Qu'est-ce qui distingue Maupassant des autres naturalistes ?
(Un auteur de contes (**71**,17), aucune intention sociale ou scientifique (**71**,26 - 27); pour lui, c'est la composition et le style qui comptent, il est plus proche du réalisme que du naturalisme (**71**,27 - 28))

2. Maupassant : un conteur réaliste et artiste (SchB p.72)

1. Le texte est divisé en trois parties. Cherchez un titre pour chacune d'elles.
(Le pessimisme de Maupassant (**72**,1 - 17); l'évolution du conteur (**72**,17 - **73**,16); Maupassant, un vrai classique (**73**,16 - 22))

2. Décrivez les influences qui ont agi sur Maupassant.
(Flaubert dans le domaine littéraire [découvrir dans chaque chose « un aspect qui n'ait été vu et dit par personne », donc l'originalité (**73**,4 - 5)]. En ce qui concerne la vision du monde, le pessimisme radical du philosophe Schopenhauer a influencé Maupassant beaucoup plus qu'il n'a subi l'ascendant de son maître Flaubert. Si Maupassant est d'un tel pessimisme, c'est parce que le pessimisme extrême du philosophe allemand (« le plus grand saccageur de rêves qui ait passé sur la terre », **72**,3 - 4) l'a profondément marqué.)

3. Comparez le ton des premiers contes de Maupassant à celui des œuvres qu'il a écrites vers la fin de sa vie.
(Dans la première partie de sa carrière, le ton est dur, rude, sarcastique et très agressif (**72**,19 - 21). Rien n'échappe à ses attaques. Plus tard, il juge encore « sévèrement l'existence » (**72**,23), mais ses nouvelles et ses romans sont moins sarcastiques. Il donne plus d'importance et plus de place à la vertu, à la bonté, à la sympathie pour les petites gens (**72**,24 - 25). Vers la fin de sa carrière, il écrit des nouvelles très sombres. L'angoisse, la hantise de l'invisible et l'idée du suicide dominent (**73**,2 - 3).)

4. Pourquoi s'est-il démarqué de l'école naturaliste ?
(Il a recherché « l'humble vérité » (**73**,10), n'était plus convaincu que l'art devait être une « photographie banale de la vie » (**73**,14) et vou-

lait donner des choses « la vision la plus complète, plus saisissante et plus probante que la réalité même » (**73**,15 - 16).)

5. Pourquoi peut-on dire que Maupassant est un vrai classique ?
(En raison de son sens de la mesure, de sa sobriété et de la grande simplicité de son style (**73**,17 - 20).)

3. « Je suis avant tout un regardeur » (SchB p.74)

1. Pourquoi François Tassard peut-il nous témoigner le rôle que jouait l'observation artistique pour Guy de Maupassant ?
(François Tassard est domestique de Maupassant, un domestique qui est évidemment intéressé par la création littéraire de son maître. « Initié au secret » (**74**,13 - 14) de la création littéraire de Maupassant, le domestique semble aussi être le confident et un admirateur de son maître.)

2. Quelle relation y a-t-il entre le regardeur Maupassant et son écriture ?
(Maupassant plaide pour « le primat de la vision » (**75**,18 - 19) dans son écriture. Comparé au regard attentif, sensible, original, qui découvre une perspective individuelle sur le monde observé, la raison comme source d'inspiration ne joue qu'un rôle secondaire. Avant de trouver une expression littéraire, il observe dans le but de découvrir un aspect innovateur « qui n'ait été vu et dit par personne » (**75**,20 - 21). « Rien ne lui échappe » (**75**,24) pour entrer dans sa production littéraire.

10. A la veille d'une guerre inévitable (SchB p.85)

1. Quelle image l'auteur cite-t-il pour exprimer que cette guerre était inévitable ?
(C'est le mot de Prévost-Paradol que « la France et la Prusse marchaient l'une contre l'autre comme deux locomotives lancées sur le même rail » (**86**,1).)

2. Qui a déclaré cette guerre et quel rôle Bismarck y joua-t-il ?
(La France s'était laissé provoquer par Bismarck et avait ensuite déclaré la guerre à la Prusse. Le peuple était pour cette guerre et les hommes politiques, eux aussi, ont déclaré la guerre « d'un cœur léger » (**87**,5).)

3. Quel était le motif de Bismarck ?
(Il considérait cette guerre nécessaire pour réussir l'unité allemande. Par cette guerre, il voulait forger une grande nation allemande sous la direction de la Prusse (**86**,5).)

12. Maupassant le pacifiste (SchB p.89)

1. Quelles sont les impressions que Maupassant a remportées de son service militaire pendant la guerre franco-allemande ? De quelle façon les a-t-il surmontées dans son œuvre ?

(La guerre avait laissé à l'écrivain de mauvais souvenirs qui le hantaient pendant toute sa vie. C'étaient des scènes « de pillage, de meurtre, d'humiliations et de lâcheté » (**89**,4 - 5). Pour lui, la guerre, c'était « l'horreur, la trahison, la nausée, l'absurde » (**89**,6). Ce qu'il a vu pendant sa vie dans l'armée l'a profondément blessé : longtemps après, il est encore effaré (**89**,8) et s'il y repense, ce sont des mots comme « abominable, monstrueux, contre nature » (**89**,9 - 10) qui lui viennent à l'esprit. Bref, on peut dire qu'il déteste la guerre. Ces souvenirs effroyables, il les sublime en décrivant « l'héroïsme des humbles » (**89**,12), en exprimant sa profonde pitié pour les victimes, celles qu'il appelle « la chair à canon » (**89**,14).)

2. Malgré « la haine de l'occupant » (89,11), pourquoi peut-on dire que La folle *est loin d'être un conte anti-allemand ?*
(Le texte met en lumière l'arrière-plan historique. Il montre qu'il y avait en France, à cette époque, une germanphobie violente, un esprit de revanche virulent que Maupassant n'adoptait pas, soit parce qu'il se présentait comme un observateur impersonnel de la guerre, soit parce qu'il s'opposait à tout conflit armé : « Et je fais des vœux pour que nos fils ne voient plus jamais de guerre » (**43**,21 - 22).)

*3. De quoi Déroulède se plaint-il ? (**90**,1 - 8)*
(Ce qui le préoccupe, c'est que la France a perdu une partie de son territoire, qu'elle se sent « vaincue » et que, par conséquent, elle a perdu « son honneur », son rang parmi les autres nations.)

4. Pourquoi Déroulède parle-t-il des « murs de Metz » et « du clocher de Strasbourg » ?
(La Lorraine (Metz) et l'Alsace (Strasbourg) sont les deux régions que la France a perdues dans la guerre franco-allemande. Les murs de Metz montrent que c'était une ville fortifiée, et le clocher fait allusion à la cathédrale de Strasbourg.)

5. Pourquoi Déroulède a-t-il choisi comme titre « Le Clairon » ?
(Dans les casernes, le matin, le clairon réveillait les soldats. Avant une bataille, le clairon donnait le signal pour l'attaque. Déroulède a choisi ce titre guerrier, militariste dans l'intention d'inciter ses compatriotes à la lutte, à la revanche.)

13. Maupassant et le fantastique (SchB p.85)

1. Découpez le texte en deux parties et donnez un titre à chacune d'elles.
(**90**,9 - 23 : Le triomphe sur le "vieux temps"; **91**,1 - 13 : Regret et nostalgie des "temps anciens")

2. Analysez le ton de la première partie.
(A première vue, c'est un ton triomphant ; cette partie du texte ressemble à un chant victorieux. Elle commence comme un coup de clairon "Adieu", puis cette impression est renforcée par la répétition du mot "vieux/vieille" suivie d'une énumération de tout ce qui a perdu sa valeur, sa signification, son importance, son emprise sur l'homme "moderne". Ce triomphalisme est encore souligné par les quatre exclamations. Mais sous ce ton, superficiellement triomphant, trop jubilatoire, le lecteur découvre une certaine ironie. En partie, elle est due à l'exagération (« avec un sourire d'orgueil », **90**,11), aux « légendes enfantines » (**90**,10), aux « grossières histoires de nos pères » (**90**,21). On sent que Maupassant ne pense pas ce qu'il écrit, qu'il fait semblant d'adopter le point de vue d'un esprit éclairé, émancipé, qu'il s'en moque.)

3. Quelle idée exprime-t-il dans la deuxième partie ?
(Maupassant regrette les « vieux mystères », il est triste qu' on ait soulevé tous ces voiles (**91**,2), que l'homme ait perdu tout respect pour la nature (**92**,12 - 13), il lui manque quelque chose. Pour lui, ce monde est devenu « dépeuplé, muet, vide, abandonné » (**91**,2 - 4). Sa nostalgie de cet ancien temps est exprimée surtout dans l'avant-dernier paragraphe : « comme je voudrais » (**91**,5, 8).)

14. La pensée « fin de siècle » et l'esprit décadent
(SchB p.85)

1. Pourquoi certains écrivains et intellectuels se sont-ils détournés des valeurs bien établies de leur époque ?
(La fin du 19e siècle était marquée par une grande désillusion. Après la lecture de Schopenhauer, de Spencer et de Darwin, les intellectuels français ont commencé à douter de toutes les certitudes, de toutes les théories auxquelles ils avaient cru aveuglément. C'est maintenant le pessimisme et le scepticisme qui règnent, Darwin remet en cause la suprématie de l'homme dans l'univers (**92**,2), Spencer renverse le positivisme (**92**,7 - 9), la grande doctrine nationale de la deuxième moitié du siècle.)

2. Comment les intellectuels ont-ils réagi à cette nouvelle situation ?
(Ils n'acceptaient plus les vieilles certitudes et théories. Ils se sentaient désorientés, déstabilisés. C'est pourquoi ils cherchaient de nouveaux repères, des idées sur lesquelles ils pourraient s'appuyer. Mais ces repères, ces appuis, n'existaient pas. Et les artistes restaient désorientés [« ... et vont de déséquilibre en déséquilibre », **92**,19]).

15. Le Malfait (SchB p.93)

*1. Que signifie, dans le cas du curé Bernard Alexandre, l'expression « Au suivant ! »? (**93**,15)*
(Elle montre que plusieurs personnes viennent consulter le curé de la paroisse. On va chez le curé comme on va chez le dentiste ou chez le médecin.)

2. *Quelle image cet agriculteur normand se fait-il du prêtre ?*
(Ce paysan ne considère pas Bernard Alexandre comme un homme d'Eglise. Il voit plutôt dans le prêtre un magicien qui peut combattre le démon et rendre éventuellement un service matériel.)

3. *Montrez comment, dans la conversation, le curé se montre clairvoyant et respectueux envers son partenaire.*
(Alexandre laisse calmement le visiteur exposer son cas. Il se garde de nier ouvertement les détails sur les roues du tracteur et du 1200 kg Citroën. Il ne se moque pas de son partenaire. Il lui suggère gentiment de retourner chez le médecin et promet en même temps de s'occuper, lui aussi, de cette affaire.)

4. Le Horla *et* Le Malfait. *Quelles réflexions vous inspirent ces deux récits ?*
(Réponses individuelles. Exemple : Les deux récits rapportent des incidents qui ne sont en réalité que des phénomènes d'hallucination. Dans les deux cas, les "victimes" supposent qu'elles sont persécutées par un être malveillant.
Le Horla est une œuvre littéraire. L'auteur veut fasciner son lecteur en montrant la progression du mal chez le narrateur. La fiction permet donc à l'écrivain de captiver le lecteur en multipliant les incidents causés par l'inquiétante présence du Horla. A mesure que s'avance le récit, on voit que l'on se dirige vers une catastrophe, ce qui donne à la nouvelle un caractère dramatique. De plus, jusqu'à la fin du conte, le narrateur s'adresse l'imagination du lecteur en lui laissant le soin d'interpréter à sa manière le mystère de l'intrigue.
Le Malfait est, au contraire, une page documentaire. L'auteur veut seulement informer sur l'étrange comportement d'un visiteur. Le phénomène n'a rien de mystérieux : les troubles mentaux du paysan sont dûs à une consommation excessive de sédatifs.)

Klausur

Der folgende Vorschlag für eine Klausur entspricht der Form, wie sie für die Abiturprüfung in Baden-Württemberg vorgesehen ist. Der Klausurtext ist abgedruckt in *Guy de Maupassant, Six contes* (Klett-Nr. 59734); auf diese Ausgabe beziehen sich auch die Seiten- und Zeilenverweise.

Le Horla (**49**,8 - **51**,21; 827 Wörter)

Commentaire lexical et grammatical

1. Indiquez (avec l'article indéfini) les noms correspondant aux verbes suivants : accompagner (**49**,8), affirmer (**49**,18), (se) quereller (**49**,25), gémir (**50**,5). *[2 VP]*

2. Exprimez les parties soulignées d'une autre manière et refaites les phrases tout en respectant le contexte.
   a) Les incrédules affirment que ce sont des cris d'oiseaux. (**49**,18)
   b) … le vent […] qui soulève la mer en montagnes d'eau … (**50**,2 - 4)
   c) … j'avais remarqué sa pâleur singulière. (**50**,12)
   d) … ce sont mes nuits qui mangent mes jours. (**50**,13 - 14) *[4 VP]*

3. … mon cocher souffre du même mal que moi. (**50**,11). Mettez cette phrase au discours indirect en commençant par *Il écrivit …* *[1 VP]*
   Qu'est-ce que vous avez ? (**50**,13) Transformez cette question en interrogation indirecte en commençant par : *Je lui demandai …* *[1 VP]*

4. Refaites les phrases suivantes en mettant en relief les mots soulignés.
   a) J'ai grand peur d'être repris. (**50**,17 - 18)
   b) Mes cauchemars anciens reviennent. (**50**,19 - 20) *[2 VP]*

Analyse et commentaire

1. Situez brièvement cet extrait dans la nouvelle *Le Horla.* (60 - 80 mots) *[3 VP]*
2. Résumez le passage. (80 - 110 mots) *[4 VP]*

3. Quelle est, pour la suite de la nouvelle, l'importance de la conversation avec le moine ? (90 - 120 mots) *[5 VP]*

4. Quelle liberté d'interprétation le récit du 3 au 5 juillet laisse-t-il au lecteur ? (80 - 120 mots) *[5 VP]*

5. Choisissez l'un des thèmes suivants :
   a) Parmi les six contes de Maupassant, quel est celui qui vous a le plus intéressé(e). Justifiez votre choix.
   b) Quelle est l'image de la population normande à travers les nouvelles de Maupassant ?
   c) Quelle impression Maupassant donne-t-il du voisin allemand avec les deux contes *L'aventure de Walter Schnaffs* et *La folle* ?
   (180 - 220 mots) *[8 VP]*

Version

Traduisez. *[25 VP]*

A dater de ce jour [sa mort], la gloire de Maupassant s'amplifie. Ce qui subjugue les lecteurs français et étrangers dans son œuvre, c'est qu'elle n'est pas alourdie, comme celle de Zola, par des considérations sociales ou scientifiques. Hostile à tous les systèmes, il se contente d'évoquer la vie dans son âpreté et son absurdité. Sa bonne santé est pessimiste. Sa réussite a un goût de cendre. Il peint en pleine pâte, avec des couleurs crues, la misère de la condition mortelle. Et cette terrible lucidité, ce matérialisme amer se drapent dans un style si chatoyant qu'il les rendrait presque aimables.
Son scepticisme n'est pas dogmatique. Il y a de l'ironie dans son désespoir, de la tendresse dans sa cruauté. Quel que soit le thème qu'il a choisi, il ne démontre pas, il montre. Sa grandeur, qui s'affirme à travers les générations successives, vient de la diversité de ses dons et du refus de les plier à une théorie philosophique ou littéraire. Si un siècle après sa mort il nous paraît plus actuel que jamais, c'est que sa rude simplicité de conteur d'histoires lui a permis d'échapper aux modes intellectuelles de toutes les époques. *(195 mots)*

Henri Troyat, *Le Point*, 22 Mai 1993 (texte abrégé).

2 **subjuguer** fasciner – 5 **l'âpreté** *f* Härte – 7 **une pâte** *ici :* Farbe – **cru,e** *ici :* grell
8 **se draper** sich einhüllen – 9 **chatoyant,e** brillant.

Lösungsvorschläge:

Commentaire lexical et grammatical

1. un accompagnateur, une accompagnatrice, un accompagnement ; une affirmation ; une querelle, un querelleur, une querelleuse ; un gémissement.

2. a) Ceux qui n'y croient pas affirment que ce sont des cris d'oiseaux.
   b) … le vent qui fait de grosses vagues sur la mer …
   c) … j'avais remarqué qu'il était étrangement pâle.
   d) … je dors très mal et je suis donc très fatigué pendant la journée/le jour.

3. Il écrivit que son cocher souffrait du même mal que lui.
   Je lui demandai ce qu'il avait.

4. a) C'est moi qui ai grand peur d'être repris.
   b) Ce sont mes cauchemars anciens qui reviennent.

Analyse et commentaire

1. Après quelques journées agréables dans sa propriété au bord de la Seine, le narrateur souffre bientôt d'un malaise inexplicable : fièvre, manque de sommeil, angoisse, impression qu'il y a une présence étrangère dans sa chambre. Les médicaments du médecin, une promenade dans la forêt n'apportent aucun soulagement. Il décide d'aller au Mont-Saint-Michel en espérant que ce voyage lui rendra la santé.

2. Lors de sa visite au Mont-Saint-Michel, le narrateur se trouve en compagnie d'un moine qui lui raconte diverses légendes de la région. Le visiteur retient surtout l'histoire d'un mystérieux berger au visage caché sous un manteau et qui mène derrière lui un bouc et une chèvre à visage humain. A cette occasion, le moine explique que beaucoup d'êtres invisibles à nos yeux existent pourtant réellement. Après ce voyage, le malaise du narrateur recommence : cauchemars, présence oppressante pendant son sommeil, carafe vide au réveil ; il se demande s'il est somnambule ou s'il est hanté par un être invisible.

3. Les réflexions du moine sur la réalité des êtres que nous ne voyons pas mais dont l'action peut se constater facilement, comme celle du vent, sont une préparation psychologique aux développements qui surviendront chez le narrateur. Ce dernier, après les explications du moine, croira plus facilement à l'intervention d'un être invisible dans sa vie quotidienne.

4. Maupassant, ici, ne force pas encore le lecteur à penser que le narrateur est l'objet d'hallucinations. Le sommeil agité du quatre juillet n'a rien de tellement exceptionnel. Le sentiment d'avoir dû supporter en dormant le poids de quelqu'un demeure certes un rêve désagréable. Mais le lecteur n'est pas encore confronté au domaine du fantastique. Le choc qui, le 5 juillet, réveille le dormeur, et, surtout, la carafe vide peuvent paraître étranges, mais Maupassant n'impose pas cela comme un phénomène dépassant le naturel. Un narrateur somnambule ? C'est possible. Dans la structure de la nouvelle, les cauchemars de juillet seraient seulement une introduction aux hallucinations des pages suivantes.

Version

Von diesem Tag an [seinem Tod] breitet sich der Ruhm Maupassants aus. Was die französischen und ausländischen Leser an seinem Werk fasziniert, ist die Tatsache, dass es nicht mit sozialen oder wissenschaftlichen Ausführungen beladen ist wie das von Zola. Allen Systemen gegenüber feindlich eingestellt, begnügt er sich damit, das Leben in seiner Härte und Absurdität zu schildern. Seine gute Gesundheit ist pessimistisch. Sein Erfolg hat einen faden Geschmack. Er malt kräftig in grellen Farben (mit kräftigen und grellen Farben) das Elend der menschlichen Sterblichkeit. Und diese schreckliche Schärfe, dieser bittere Materialismus werden eingekleidet in einen so brillanten Stil, dass er sie dadurch fast liebenswert macht.
Seine Skepsis ist nicht dogmatisch. In seiner Verzweiflung liegt Ironie, in seiner Grausamkeit gibt es Zärtlichkeit. Welches Thema er auch immer gewählt hat, er liefert keine Beweisführung, er zeigt. Seine Größe, die sich über die nachfolgenden Generationen bestätigt, kommt aus der Vielfalt seiner Begabungen und der Weigerung, sie einer philosophischen oder literarischen Theorie zu beugen. Wenn er uns hundert Jahre nach seinem Tod aktueller denn je erscheint, dann deshalb, weil seine rohe Einfachheit des Geschichtenerzählers ihm erlaubt hat, den intellektuellen Moden aller Epochen zu entrinnen.